# 일하는 감각

일하는 감각

トップ営業マン1000人に聞いた ガチで使える順心理学100
by 齊藤 勇
Copyright © 2025 by Isamu Saito
Original Japanese edition published by TAKARAJIMASHA, Inc.
Korean translation rights © 2026by DONGYANGBOOKS CO., LTD.

Korean translation rights arranged with TAKARAJIMASHA, Inc.
through Sienna Jo Agency.

# 일하는 감각

김양희 옮김

사이토 이사무 지음

동양북스

차례



## 1장 | 업무 효율을 높이는 감각
### : 가장 먼저, 내 책상을 확인할 것

## 2장    메시지를 정확하게 전달하는 감각
## : 그리고 내가 뱉는 말을 확인할 것

## 3장 원만한 인간관계를 만들고 유지하는 감각
## : 또, 내 손이 닿는 주변을 둘러볼 것

## 4장 팀을 강하게 만드는 감각

### : 그렇다면 지금, 나는 어디에 속해있는가?

## 5장　큰 실수를 미리 알고 대비하는 감각
### : 이제는, 앞을 내다볼 수 있는 것

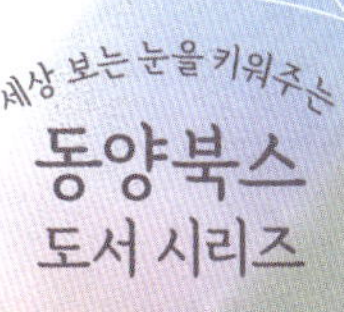


불안감에 끌려다닐 것인가
안정감으로 돌파할 것인가

안정감 수업

쑤쉬안후이 저 | 김소희 역 | 296쪽

# 매일 쓰는 단어가
# 당신의 철학을 말해준다

## 모든 단어에는 이야기가 있다

이진민 저 | 248쪽

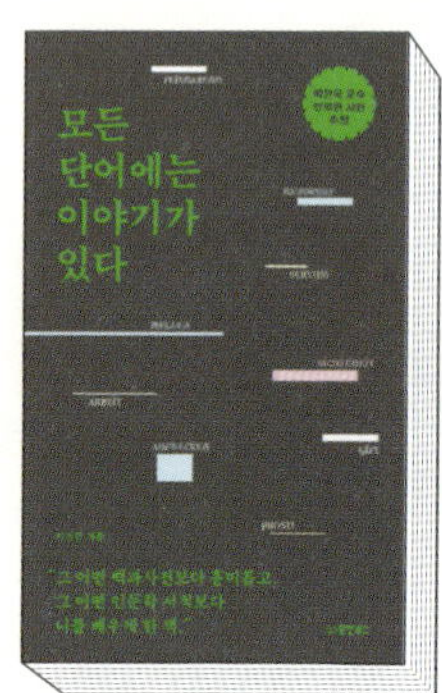

철학과 교양을 한 권에!
의미의 정수를 찾고 사유의 확장을 돕는
철학자의 단어 산책

▷ 서울대 박찬국 교수, 안희연 시인 추천
▷ 온라인 서점 3사 인문 분야 베스트셀러

---

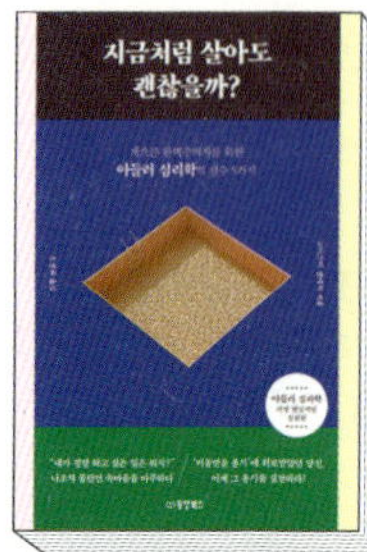

## 지금처럼 살아도 괜찮을까?

고이즈미 겐이치 저 | 오정화 역 | 192쪽

**"우리에겐 아들러의 용기가 필요하다"**

《미움받을 용기》열풍 후 10년,
여전히 우리에겐
아들러의 용기가 필요하다

▷ 게으른 완벽주의자를 위한 아들러 심리학의 정수

---

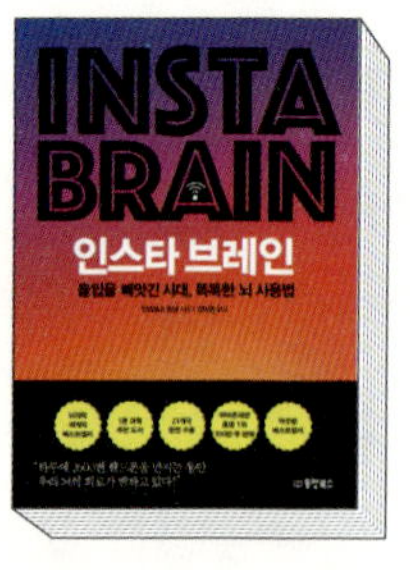

## 인스타 브레인

안데르스 한센 저 | 김아영 역 | 296쪽

**몰입을 빼앗긴 시대, 똑똑한 뇌 사용법**

하루 2600번 핸드폰을 만지는 동안
우리 뇌의 회로가 변하고 있다!

▷ 21개국 판권 수출된 세계적 베스트셀러

## 가장 쉬운 독학
## 미국회계사가 쉽게 설명해주는
## 미국주식 투자 첫걸음

한명호 저 | 456쪽

### 소중한 내 돈, 함부로 투자할 수 없다!

숙련된 미국회계사에게 제대로 배우는
미국주식 투자의 정석

▷ 국내 최초 미국 11개 섹터 22개 기업 제무제표 분석

## 한 번 배우면 평생 써먹는
## ETF 투자법

윤타 저 | 236쪽

### "수익이 나면 마인드는 알아서 좋아진다"

투자공부만 하다 박사 되지 말고
오식 '수익'만 생각하며 행동하자!

▷ 주식강의에만 3천만원 쓰고 깨달은 '매도법'

## 무조건 성공하는 내집마련 첫걸음

투자N 저 | 304쪽

### "가장 싸게 사려고 계속 미루는 사람들"

집은 싸게 사는 게임이 아니라
제대로 사는 게임이다!
손품과 발품으로 '서울대'급 집 찾기

▷ 구석구석 보물 같은 내 집을 찾아내는 비밀 77

# 잘 파는 사람은
# AI 시대 빠른 트렌드도 꿰뚫는다

무조건 팔리는 심리 마케팅 기술 100
무조건 팔리는 스토리 마케팅 기술 100
무조건 팔리는 온라인 마케팅 기술 100

베스트셀러 '무조건 팔리는 마케팅 기술 100'

▷ 마케팅 천재들의 비밀 100가지

## 잘 파는 사람은 심리를 알고 있다

오치 케이타 저 ｜ 최지현 역 ｜ 272쪽

"잘 팔리는 상품은 철저하게 계산된다!"

팔리는 제품에는 공식이 있다.
이 공식을 알고 있다면,
당신도 최고의 마케터다!

▷ 범죄심리학자가 밝혀낸 지갑이 열리는 원리

## 무조건 팔리는
## 카피 단어장(개정증보판)

간다 마사노리, 기누타 준이치 저 ｜ 김윤경 역 ｜ 320쪽

히트 광고에서 추출한 단어 800＋예문 2400

이 책에 나온 카피를 써도 팔리지 않는다면
그것은 평생 팔리지 않는다!

▷ 일본 톱마케터 간다 마사노리의 카피 바이블

# 지금, 일하는 사람에게 필요한 여섯 가지 감각

표준국어대사전에서는 '감각感覺'을 눈, 코, 귀, 혀, 살갗을 통해 바깥의 자극을 알아차리는 것이라 한다.

AI 기술과 인터넷이 빠르게 발달하면서 오늘날 직장인에게 필요한 능력은 바로 '상대의 마음을 읽고 상황에 맞게 행동하는 것'이다. 이 능력만큼은 AI가 대신할 수 없다. 우리는 이것을 인간만이 알아차릴 수 있는 '감각'으로 설명하려고 한다.

이 책에서는 좋은 실적을 내는 직장인 1,000명이 비즈니스에서 유용하게 쓰인다고 생각하는 심리 기술 100가지를 말한다. 설문조사 결과 중, 응답자들이 '쓸 만한 기술'이라고 선택한 것을 평가가 높은 순으로 소개했다. 얼마나 많은 직장인이 공감했는지 지지율도 함께 실었다.

일 잘하는 사람들은 이 여섯 가지 감을 놓치지 않는다.

첫째, 효율적으로 일하는 감각

둘째, 메시지를 명확하게 전달하는 말하기 감각

셋째, 원활한 인간관계를 만들고 유지하는 감각

넷째, 팀을 강하게 만드는 감각

다섯째, 언제 어디서 생길지 모르는 문제를 예방하는 감각

여섯째, 일과 삶을 성공으로 이끌기 위해 자신의 감정을 조절하는 감각

중요한 것은 이 책을 읽는 데서 멈추는 것이 아니라 이 100가지 테크닉을 익혀 실무에 적용해 실제 변화를 만들어내는 것이다. 일하는 감각을 알고 나서, 작은 변화들이 쌓인 당신의 미래는 분명 크게 성장할 것이다.

어차피 할 거라면 잘하고 싶은 당신에게, 성과를 극대화하고 인간관계를 풍요롭게 하며, 자신을 더욱 유연하게 성장시키는 일하는 감각을 자신 있게 소개한다.

# 비즈니스는 결국,
# 인간의 심리를 다루는 일이다

비즈니스에도 마찬가지로 순서가 있고 성공률 높은 해답이 있다. 결국 비즈니스는 사람이 사람을 설득하는 과정이며, 이는 상대의 감정과 행동의 배경을 이해하는 데서 출발한다. 심리학의 관점을 업무에 적용하면 불필요한 설명과 감정 소모는 줄어들고, 원하는 목표에는 더 빠르게 도달할 수 있다. 우리는 이 불필요한 단계를 줄이는 것을 효율이라 부른다. 그리고 일 잘하는 사람이란, 바로 이 효율을 아는 사람이다.

일을 잘하는 사람은 우선순위 설정이나 할 일 관리를 한층 객관적이고 명확하게 만드는 사람이다. 이런 사람이라면, 업무 결과가 좋아질 수밖에 없다. 이처럼 일 잘하는 감각은 단순히 효율을 높이는 데서 그치지 않고 성과로 이어지는 실질적인 도구를 발견해 낸다. 영업이나 프레젠테이션처럼 사람과의 관계가 중요한 비즈니스 상황에서는 감정과 논리를 균형 있게 다루는 설득력 있는 접근까지 가능해진다.

일 잘하는 사람은 상대의 성향이나 상황에 맞게 전달 방식을 조정하는 유연함도 가지고 있다. 말과 행동에서 상대를 존중하는 태도를 보이면 자연스럽게 팀원, 동료, 부하 직원과의 신뢰 관계로 이어질 것이고, 자기 이해 역시 깊어진다. 내가 어떤 상황에서 불안이나 초조함을 느끼는지, 어떤 말에 의욕이 생기는지를 알게 되면 감정을 스스로 정리하며 침착하게 행동할 수 있게 된다.

손해 보지 않고 일을 잘하는 사람은 누구보다 쉽게 성과를 가져오고, 불필요한 단계를 줄인다. 경제적인 업무 수행, 좋은 성과를 내는 영업, 건강한 인간관계를 동시에 실현할 수 있다. 말과 행동에 숨겨진 심리를 이해하는 능력은 오늘날 직장인에게 필수로 요구된다.

**POINT** 일하는 감각은 상대와 자신의 감정 변화를 아는 데서부터 시작된다.

# 1장

# 업무 효율을 높이는 감각

## : 가장 먼저, 내 책상을 확인할 것

## 01
# 메모하는 습관은
# 20시간을 아낀다

한때 '넛지 이론Nudge Theory'이 유행했다. 넛지Nudge란 '등을 살짝 밀어 준다'는 뜻으로 사람이 무의식적으로 하는 선택을 더 바람직한 방향으로 자연스럽게 이끄는 방법이다.

일 잘하는 사람은 날마다 해야 하는 본인의 업무를 알고 있다. 그는 업무 정리를 위해 매일 할 일을 메모해 한눈에 확인한다. 메모 방법에 넛지 이론을 적용한다면 일을 효율적으로 할 수 있다. 예를 들어, 그날 할 일이 적힌 메모가 책상 왼쪽에 붙어 있는 것만으로도 다르다. 사람의 시선은 왼쪽에서 오른쪽으로 흐르는 경향이 있기 때문에 책상 왼쪽은 자연스럽게 눈에 잘 들어오는 '시각적 출발점'이다. 잘 보이는 자리에 메모가 있으면 기억에 의존하지 않아도 되므로 업무 시작이 한결 수월해진다. 게다가 머릿속에서 막연하게 떠올리던 계획을 종이에 직접 적어 언어화하면 실행까지의 심리적 거리 역시 줄어든다.

해야 할 일을 다시 확인하느라 낭비되는 시간을 하루에 5분만 줄여도 1년이면 20시간을 아낄 수 있다. 바쁜 일상에서는 작은 노력으로 행동을 변화시키는 작은 아이디어가 큰 힘을 발휘한다.

이때 중요한 한 가지가 더 있다. 메모를 정해진 위치에 고정해 두는 것이다. 잘 보이는 곳에 두고 계속해서 눈길이 가게 하자. 완료한 업무에는 줄을 그어 표시하면, 확실한 성취감까지 느낄 수 있다. 줄을 그어 표시하는 순간, 뇌는 해냈다는 사실을 인식하고 다음 행동으로 나아가게 하는 긍정적인 에너지를 만들 것이다. 성취감은 당신을 춤추게 한다.

**POINT** 하루에 5분씩 절약한다면, 1년 후에는 20시간의 이자가 쌓이는 셈이다.

효과 있어요!

# 46.2%

## 02

# 나만의 루틴을
# 만들어
# 갓생 살기

해야 할 일이 유난히 많은 날이 있다. 하필 그런 날, 하루를 돌아보면 집중력이 평소와 같지 않고 유독 더 정신없는 하루처럼 느껴진다. 그건 느낌이 아니라, 실제로 그럴 수 있다. 그 원인 중 하나가 바로 '의사결정 피로Decision Fatigue'라는 현상이다. 당신의 뇌는 아침부터 여러 가지 작은 결정을 반복하면서 에너지를 소모하고, 저녁이 되면 사고력과 의지가 떨어진다. 심지어 어떤 메일에 먼저 답장할지 같은 사소한 판단에도 뇌는 자신도 모르게 계속 에너지를 사용한다. 이때 결정해야 하는 횟수를 줄일수록 업무 효율을 더 오래 유지할 수 있다.

이때 '나만의 루틴'이 있는 사람은 이 루틴의 도움을 받을 수 있다. 매일의 행동 패턴을 미리 정해두고 의식적으로 선택해야 하는 일을 최대한 줄이는 방식이다. 스티브 잡스는 매일 같은 옷을 입었다. 아침의 소중한 사고력을 옷 고르기에 쓰지 않고 중요한 판단을 해야 할 순간을 위해 남겨두기 위함이었다.

루틴은 행동의 진입 장벽을 낮추는 효과도 있다. 예를 들어, '출근하면 먼저 책상을 정리하고 그다음 오늘 할 일을 세 가지 적는다' 같은 루틴을 정해두면 무엇을 먼저 해야 할지 고민할 필요 없이 자연스럽게 출근하자마자 집중할 수 있다.

의사결정 피로를 줄이려면 '무엇을 루틴으로 만들면 결정이 줄어들까'를 먼저 살펴보는 것이 좋다. 예를 들어, 이메일 처리는 오전에 한 번에 끝내는 루틴을 만들어 두면 자연스레 당신은 오후에는 다른 업무에 집중할 수 있다. 높은 확률로 하루 종일 집중력과 판단력을 안정적으로 유지할 수 있다. 매일 반복되는 작은 고민을 없애고, 정말 필요한 순간에만 결정할 수 있다면 업무의 질은 한층 높아진다. 우리의 뇌는 생각보다 단순하다.

**꾸준히 할 수 있는 루틴을 만들려면 자신에게 맞는 규칙을 정해야 한다.**

효과 있어요!
# 42.3%

## 03

# 작은 목표부터 차근차근 이루기

목표를 세울 때 가장 주의해야 할 점은 '구체화'다. 자칫 '매출을 늘린다', '자격증을 딴다' 같은 최종 목표 설정은 달성에 도움이 되지 않는다. 그러나 목표를 세분화하는 '스몰 스텝Small Step' 전략은 목표 달성률을 비약적으로 높인다는 결과가 있다.

목표를 구체적이고 작은 단계로 나누어 하나씩 실행해 나가면 지금 당장 해야 할 일이 무엇인지 훨씬 명확해진다. 예를 들어, '영업 실적 올리기' 같은 막연한 목표보다 '하루에 적어도 고객 5명에게 연락하기'처럼 행동으로 구체화하는 것이 좋다. 이렇게 목표를 세분화하면 자기효능감을 높이는 데에도 도움이 된다. '이 정도라면 할 수 있겠어'라는 다짐이 자신감으로 이어지고, 꾸준히 행동하게 하는 힘이 되기 때문이다. 단계를 하나씩 마칠 때마다 작은 성취감이 쌓여 동기부여도 되고 오래 유지할 수 있다.

단계를 세분화하면 문제가 생겼을 때의 회복력도 높아진다. 목표를 작은 단위로 쪼개면 '어디에서 막혔는지', '목표까지 얼마나 남았는지'를 바로 파악할 수 있어 손실을 만회할 방법을 찾기가 훨씬 쉽다. 핵심은 첫 번째 단계를 엄청 가벼운, 노력이 거의 들지 않는 수준으로 정하는 것이다. 아무리 작은 한 걸음이라도 앞으로 나아가는 경험이 쌓이면 탄력이 붙고 다음 행동에 대한 심리적 부담이 줄어든다.

이것은 단순한 계획이 아니라 행동을 습관으로 바꾸는 구조를 만드는 일이다. 우선 오늘 할 수 있는 최소한의 한 걸음을 정해 보자. 그 작은 한 걸음이 당신의 미래를 바꾸는 첫걸음이 될 것이다.

**POINT** │ 목표를 작은 단계로 나누면 지금 해야 할 일이 훨씬 더 구체적으로 보인다.

효과 있어요!

# 39.3%

## 04

# 메모지에
# 색깔별로
# 할 일을 적어 보자

해야 할 일을 메모해야 한다는 것쯤은 업무의 기본이 아닐까? 하지만 단순히 항목만 나열하면 일의 중요도나 긴급도가 묻히기 쉬워, 결국 어디서부터 손을 대야 할지 망설이게 되는 경우가 많다. 이러한 우선순위의 모호함은 일이 지연되는 요인 중 하나이다. 이럴 때 색채 심리학을 활용하자. 색은 시각적으로 순식간에 정보를 전달하며, 뇌에 신호를 보내 판단을 빠르게 하고 행동으로 이어지도록 돕는다.

가장 긴급한 업무에는 '빨간색'을 사용하는 것이 좋다. 빨간색은 경각심을 불러일으키고 주의를 끄는 효과가 있어, 지금 바로 해야 한다는 생각이 자연스럽게 들게 한다. 특히 마감이나 긴급한 문제 등 즉각적인 대응이 필요한 업무에 적합하다. 다음으로, 중요하지만 어느 정도 여유가 있는 업무에는 '노란색'이 효과적이다. 노란색은 집중력과 긍정적인 마음가짐을 끌어내 과도한 압박을 줄이면서도 주의를 환기해 준다. '조금 일찍 시작하자'는 생각이 들게 하는 데 딱 맞는 색이다. 반면, 우선순위가 낮거나 장기적으로 준비해야 하는 업무에는 '파란색'을 사용한다. 파란색은 차분함과 사고 정리를 돕는 색으로 침착하게 집중해야 하는 일에 적합하다. 당장 시작할 필요가 없는 일을 시각적으로 전달하고 마음을 안정시키는 효과도 있다.

해야 할 일을 색깔로 구분해서 시각화하는 것, 그것은 단순한 업무 분류가 아니다. 뇌가 우선순위를 무의식적으로 인식하게 되고 지금 당장 무엇을 해야 하는지를 직관적으로 판단할 수 있게 하며 이 기술은 바쁠수록 더 큰 효과를 발휘한다.

**POINT** 중요한 업무를 직관적으로 파악할 수 있으면 지금 당장 해야 할 일이 명확해진다.

효과 있어요!

# 37.8%

## 05

# 집중력은 책상 환경이 만든다

업무 효율을 높이려면 책상 주변과 수납공간을 먼저 정리하자. 업무가 원활하게 흘러갈 수 있는 환경을 만드는 것이 우선이다. 이는 앞에서도 소개한 행동을 촉진하기 위한 '넛지 이론'에 기반한 것이다.

자주 사용하는 물건일수록 가까운 곳, 꺼내기 쉬운 곳에 두어야 한다. 사람은 번거롭다고 느끼는 행동을 미루는 경향이 강하기 때문에 손을 조금 더 뻗어야 하거나 서랍을 여러 번 열어야 하는 등의 사소한 불편이 쌓이면 업무 효율이 떨어지고 의욕까지 잃는다.

예를 들어, 바로 사용하는 펜이나 메모지는 책상 중앙이나 주로 쓰는 손 쪽에 두는 것이 좋다. 일상적으로 다루는 서류나 파일은 일어서거나 몸을 굽히지 않아도 손이 닿는 범위 내에 모아두자. 반면 자주 사용하지 않는 물건은 의도적으로 시야에서 벗어나는 선반이나 서랍 안쪽에 보관하는 편이 낫다. 이렇게 하면 '꺼내기 쉬운 물건=자주 사용하는 것', '꺼내기 번거로운 물건=가끔 쓰는 것'이라는 자연스러운 구분이 생기고, 물건을 찾는 시간과 불필요한 동선이 줄어든다.

이러한 배치는 습관 형성에도 큰 도움이 된다. 필요한 물건이 눈에 잘 들어오면 찾는다는 불필요한 수고를 덜 수 있어 바로 시작하는 습관이 생기고 일을 미루는 행동도 줄어든다. 이는 '환경이 행동을 결정한다'는 넛지 이론의 핵심이다. 행동을 지속시키는 힘은 의지력뿐만 아니라 환경이 만드는 미세한 자극에서 비롯된다.

**POINT**

**환경을 정돈하고 번거로움을 줄이면 행동을 가로막는 심리적 장벽이 크게 낮아진다.**

효과 있어요!

# 37%

**06**

# 좋아하는 일부터 하면
# 싫은 일도
# 자연스럽게 하게 된다

　꼭 해야 하는 일이나 작업을 자꾸 미루는 습관이 있는 사람이 있다. 그도 머리로는 빨리 하는 게 낫다는 걸 알고는 있다. 하지만 이런 저런 이유로 미루게 되는 자신을 막을 수 없다. 이럴 때 도움이 되는 것이 심리학자 데이비드 프리맥David Premack이 제안한 '프리맥의 원리Premack Principle'이다. 이는 '빈도가 높은 행동(좋아하는 일)을 빈도가 낮은 행동(싫어하는 일)의 보상으로 연결하면, 싫어하는 행동이라도 실행률이 높아진다'는 원리다.

　예를 들어, 'SNS 하기', '커피 마시기'처럼 평소 즐겨 하거나 부담이 적은 행동을 하나 정해둔다. 그리고 그 뒤에 '보고서 작성하기', '서류 정리하기' 등 하기 싫은 작업을 붙이는 것이다. '커피를 마시면 그 기세로 보고서를 쓰자'처럼 순서를 미리 정해두면 심리적 장벽이 크게 낮아진다. 사람은 보통 즐거운 행동을 한 직후에는 기분이 긍정적으로 전환되고 행동 에너지가 일시적으로 높아지기 때문에 싫은 일도 한결 쉽게 시작할 수 있게 된다.

이러한 방법은 좋은 습관을 만드는 데에도 도움이 된다. 매번 같은 순서로 실행하다 보면 '좋아하는 일을 한 뒤에 하기 싫은 일로 넘어가는 리듬'이 몸에 익어 의지에만 의존하지 않고도 행동을 지속할 수 있다. 이것이 프리맥의 원리를 일상에 적용했을 때 얻을 수 있는 가장 큰 이점이다.

사소한 시도라도 심리학적 원리를 활용하면 놀라울 만큼 행동이 순조로워진다. 좋아하는 일과 하기 싫은 일을 세트로 묶어 자연스럽게 행동을 유도하는 방법을 한번 시도해 보자.

> 좋아하는 일을 한 뒤에는 하기 싫은 일에도 한결 도전하기 쉽다.

# 35.9%

## 07

# 같은 종류의 일은 몰아서 한 번에 처리하자

업무에 집중하려고 해도 자잘한 일에 계속 주의가 분산될 때가 있다. 개별적으로 보면 금세 끝날 일도 그때그때 대응하다 보면 집중이 끊기고 전체적인 생산성이 크게 떨어진다. 이럴 때 도움이 되는 방법이 심리학과 시간 관리 기법을 결합한 '타임 블로킹Time Blocking'이다.

타임 블로킹은 하루 일정을 여러 개로 구분해 무엇을, 언제 할지 미리 구체적으로 정해두는 시간 관리법이다. 단순히 할 일을 나열하는 것과 달리, 할 시간까지 함께 정해두기 때문에 업무를 시작할 때 느끼는 심리적 저항이 줄고 집중력을 극대화할 수 있다. 예를 들어, 서류 정리, 이메일 답장, 사무 연락 같은 소소한 일을 오전 11시부터 30분 동안만 처리하는 블록을 만들어 보자. 이렇게 하면 '이 시간 동안 몰아서 끝낸다'는 규칙이 명확해져, 업무 전환으로 인한 불필요한 시간 낭비를 줄일 수 있다.

타임 블로킹의 또 다른 장점은 정해진 시간에만 처리하면 되기 때문에 다른 일의 흐름을 방해받지 않을 수 있다. 메일이 올 때마다 바로 확인하는 습관은 '주의 잔여Attention Residue'를 낳는다. 주의 잔여란 미처 끝내지 못한 일이 머릿속 한구석에 계속 남아 집중력을 떨어뜨리는 현상이다. '이메일 확인은 하루에 두 번만 한다'처럼 블록별 규칙을 정해두면 불필요한 신경 소모를 줄이고 본래 업무에 훨씬 쉽게 몰입할 수 있다.

타임 블로킹의 핵심은 블록 시간을 너무 빡빡하게 채우지 않고 여백의 미를 남겨두는 것이다. 예상치 못한 일이 생겼을 때 조율할 수 있는 여지를 남겨두어야 계획이 무너지지 않고 꾸준히 이어갈 수 있다.

**예기치 못한 일에 대비하려면 블록 시간에는 반드시 여유를 두어야 한다.**

효과 있어요!

# 34.7%

## 08

# 루틴이 생기면 집중 모드로 쉽게 전환한다

일이나 공부에 집중하고 싶지만, 왠지 미적거리며 시간만 흘려보낼 때가 있다. 누구나 한 번쯤은 그렇다. 이럴 때 도움이 되는 방법이 바로 '시작 루틴Start Routine'을 만드는 것이다. 시작 루틴은 일을 시작하기 직전에 일정한 행동을 정해두면 된다. 이는 몸과 마음에 '이제 집중할 시간!'이라는 신호를 보내는 역할을 한다.

인간의 뇌는 습관이나 패턴을 선호한다. 특정 행동을 반복하면 그 행동과 '집중해야 할 때'라는 인식이 강하게 연결되어 자연스럽게 작업 모드로 전환할 수 있게 된다. 책상을 간단히 정리한다든지, 심호흡하기, 음악 틀기 같은 행동은 모두 좋은 시작 신호가 된다. 이때 핵심은 매번 같은 동작을 같은 순서로 반복하는 것이다. 이러한 일관성이 뇌에 조건반사 스위치를 만들어 준다. 이는 심리학에서 말하는 '고전적 조건 형성Classical Conditioning'의 원리로, 같은 자극이 반복되면 그 자극이 끝난 뒤 특정한 심리 상태가 자동으로 유발되는 현상을 뜻한다. 따라서 시작 루틴을 습관화하면 일부러 마음을 다잡지 않아도 자연스럽게 집중 상태로 들어갈 수 있다.

시작 루틴은 일과 사생활의 경계를 명확히 하는 효과도 있다. 재택근무나 개방형 사무실처럼 공과 사의 전환이 모호해지기 쉬운 환경에서는 정해진 루틴으로 일의 시작 타이밍을 확실히 하면 마음의 스위치 전환이 한결 매끄러워진다.

**POINT** 마음 전환 스위치를 만들어 두면 환경이 바뀌어도 언제든 작업에 집중할 수 있다.

**효과 있어요!**

# 30.1%

## 09

# 불필요한 서류는 책상 위에 두지 않는다

어수선한 책상에서는 자신도 모르게 집중력이 흐트러지고 업무 효율이 떨어질 수 있다. 이 현상을 설명하는 데 도움이 되는 개념이 바로 범죄 심리학에서 탄생한 '깨진 유리창 이론 Broken Windows Theory'이다. 원래는 치안 유지에 관한 이론이지만, 행동 심리학의 측면에서 보면 업무 환경에도 충분히 적용할 수 있다.

깨진 유리창 이론이란 하나의 사소한 무질서나 파손을 방치하면 '여기서는 규칙을 지키지 않아도 된다'는 무의식적 용인이 퍼져 결국 더 큰 무질서로 이어진다는 개념이다.

사무실이나 집의 작업 공간에서도 이와 같은 원리가 작용한다. 책상 위 '작은 무질서'는 무의식적으로 '정리하지 않아도 괜찮다'는 신호가 되어 점차 물건이 늘어나고 어수선함이 당연해진다. 이런 상태에서는 시각 정보가 과도하게 늘어나 뇌가 불필요한 처리를 하게 되고 집중력이 쉽게 분산된다.

정돈된 공간은 질서감을 만들어내고, 이 질서감이 '나도 제대로 행동해야 한다'는 마음으로 이어진다. 한 번 정리된 상태가 자리 잡으면 이후에도 어질러질 것 같은 순간마다 '바로 정리하자'는 생각이 자연스럽게 들게 된다. 결국, 깨끗하고 정돈된 공간은 마음을 안정시키고 일에 몰입할 수 있게 해주는 가장 기본이 되는 환경이다. 깨진 유리창 이론을 활용해 시야를 깔끔하게 유지하는 습관을 들이면 일상의 작업이 놀라울 만큼 쾌적해질 것이다.

**POINT** 질서 있는 공간에서는 제대로 행동해야 한다는 의식이 자연스럽게 생겨난다.

# 10

# 내 안의
# 도전 욕구를
# 자극하자

　새로운 목표에 도전할 때 적절한 어려움은 오히려 필요하다. 심리학에서는 '성공률이 약 50% 정도인 과제'에 도전할 때 사람이 가장 의욕을 느낀다고 본다. 너무 쉽지도, 그렇다고 너무 어렵지도 않은 적당한 수준의 달성 가능성이 도전 욕구를 끌어내기 때문이다.

　만약 성공이 거의 확실한 일만 선택한다면 '이건 당연히 해낼 일'이라는 생각이 강해져 달성하더라도 만족감이 크지 않다. 반대로 실패할 확률이 지나치게 높으면 처음부터 '어차피 못 할 수도 있었던 일'이라고 느껴 의욕이 꺾이기 쉽다. 두 경우 모두 학습 의욕이나 집중력을 오래 유지하기 어렵다.

성공 가능성이 절반쯤 되는 과제는 뇌에 '조금만 노력하면 해낼 수 있을지도 모른다'는 기대감을 불러일으켜 도전의 의미를 더 강하게 만든다. 심리학에서는 이러한 적당한 긴장감과 설렘을 '성취 동기Achievement Motivation'라고 부르며, 의욕을 높이는 핵심 요인으로 설명한다.

구체적으로는 지금의 능력보다 약간 높은 수준을 목표로 삼는 것이 이상적이다. 예를 들어, 영업직이라면 '평소보다 1건 더 많은 계약 따내기', 사무직이라면 '작업 시간 10% 줄이기'처럼 작은 도전을 설정해 보자. 성공할 확률이 어느 정도 있는 목표를 세우면 어떻게 하면 잘 해낼지 진지하게 고민하게 되고, 자연스럽게 노력하려는 마음이 생긴다. 이처럼 조금 높은 목표라도 높은 동기부여를 유지하며 달성하면 단순한 만족을 넘어 업무 역량 또한 한 단계 성장하게 된다. 일을 통해 배움을 얻기 위해서도 조금 높은 도전을 향한 마음가짐을 잊지 말자.

**POINT** 의도적으로 목표를 조금 높게 잡으면 성취감도 배움도 커진다.

**효과 있어요!**

# 22.2%

# 11

# 처음부터 완벽하게 할 수는 없는 법

머리로는 해야 하는 줄 알면서도 도무지 마음이 내키지 않아 시작도 못 한 경험은 누구나 한 번쯤 있다. 이런 미루는 습관을 줄이는 데 도움이 되는 개념이 바로 심리학의 '행동의 장벽 낮추기'이다. 목표나 작업을 가능한 한 작게 나누어 '이 정도라면 금방 할 수 있겠다'라는 감각을 만들면 행동으로 옮기는 데 필요한 심리적 저항이 크게 줄어든다.

사람은 어떤 일을 시작하기 전에 머릿속으로 필요한 노력과 시간을 무의식적으로 추정한다. 그리고 이 크기가 클수록 자기도 모르게 행동을 미루게 된다. 예를 들어, 서류 정리를 떠올릴 때 잔뜩 쌓인 파일을 전부 정리해야 한다고 생각하면 하기 싫은 마음이 먼저 든다. 하지만 이를 '책상 위의 서류 5장만 정리하자'고 범위를 좁혀 생각하면 심리적 부담이 한순간에 줄어들어 훨씬 쉽게 행동할 수 있다.

이 방법은 '인지 부하Cognitive Load', 즉 머릿속의 과도한 부담을 줄여주는 효과도 있다. 인간의 뇌는 복잡한 과제나 막연한 목표를 마주하면 어디서부터 손을 대야 할지 몰라 혼란스러워진다. 하지만 해야 할 일을 구체적으로 나누면 인지 부하가 낮아져 자연스럽게 행동으로 이어진다. 예를 들어, 기획안을 쓸 때 '제목만 정하기', '목차만 생각하기'처럼 아주 작은 부분부터 시작하면 된다. 처음부터 완벽을 목표로 하지 않는 것이 중요하다. 행동의 장벽을 낮추기 위해서는 '완성도보다 일단 시작하는 것'이 우선이다. 일단 작게라도 시작하면 그다음 한 걸음이 훨씬 가벼워지는 긍정적 연쇄 반응이 일어난다.

아무리 큰일이라도 먼저 '이 부분만 해 보자' 하고 가장 작은 단위로 나누어 시작하면 미루는 습관을 조금씩 극복할 수 있다. 그 작은 한 걸음이 쌓여 당신을 앞으로 나아가게 할 것이다.

**POINT** 처음부터 완벽을 목표로 하지 말고 일단 한 걸음 행동으로 옮기는 것이 중요하다.

# 19.6%

## 12

# 아침의 시작이
# 하루를
# 만든다

업무를 효율적으로 진행하려면 아침의 첫 단추를 어떻게 끼우느냐가 매우 중요하다. 아침에 작은 성과 하나를 먼저 만들어 놓고 본격적인 업무를 시작하는 방법은 많은 직장인에게 유명하다. 이러한 접근 방식은 심리학의 '작은 성공' 이론에 기반한 것으로 작은 성취 경험을 쌓아가며 동기부여를 높이고 집중력을 끌어올리는 데 목적이 있다.

예를 들어, 아침에 메일을 확인하거나 책상을 정리하는 등 비교적 짧은 시간 안에 끝낼 수 있는 간단한 일을 하나 완료하는 것만으로도 일을 시작했다는 성취감을 얻을 수 있다. 이러한 작은 성취 경험이 뇌에 긍정적인 자극을 주어 자기효능감을 높여주기 때문이다. 그 결과 다음에 마주하는 복잡한 업무나 어려운 과제에도 긍정적인 태도는 이어질 확률이 높다.

미팅이나 프레젠테이션을 준비할 때도 아침의 작은 성취 경험은 매우 중요하다. 예를 들어, 자료를 확인하거나 슬라이드 최종 점검 같은 간단한 준비를 아침 일찍 끝내두면 괜히 마음이 편해지고, 그 기분은 계속해서 이어진다. 그 작은 성취감은 곧 자신감으로 이어져 놀라운 집중도와 성과를 선사할 것이다.

반대로 어느 날 아침, 손대기 어려운 큰 업무를 갑자기 시작해 실패했다고 하자. 그날은 심리적 부담이 커져 전체적인 업무 효율이 떨어질 수 있다.

우선 아침에 가장 먼저 할 수 있는 간단한 일을 하나 정해 보자. 그 작은 성공은 연쇄성을 띠고 하루 전체의 생산성을 끌어올리는 힘이 된다.

**POINT** 하루의 업무 시작은 부담이 되지 않을 정도로 가벼운 일이 좋다.

# 13

# 우리의 뇌는 우선순위가 필요하다

업무의 효율을 높이기 위해 '할 일 목록'을 만드는 것은 매우 유용한 습관이다. 그렇다고 해서, 리스트만 과도하게 정하면, 오히려 관리가 복잡해져 무엇을 우선해야 할지 혼란스러워질 수 있다. 이때 도움이 되는 개념이 심리학에서 잘 알려진 '마법의 숫자Magic Number'이다.

이는 1956년에 인지심리학자 조지 밀러George Miller가 주장한 개념으로, 사람은 단기 기억으로 한 번에 유지할 수 있는 정보의 양이 5~9개 정도로 한정된다고 알려져 있다. 즉, 우리 뇌는 동시에 5개에서 9개까지만 정보를 처리할 수 있으며, 이를 넘어서면 기억하기 어려워지고 중요한 항목을 빠뜨리거나 일을 미루게 되기 쉽다는 의미다.

할 일 목록을 작성할 때는 항목 수를 7개 이내로 줄이면 뇌가 정보를 자연스럽게 정리하기 쉬워진다. 목록 전체를 한눈에 파악할 수 있어 '이것만 하면 된다'는 안도감을 얻을 수 있고 행동으로 옮기기 수월해진다. 항목 수를 줄이는 것은 우선순위를 정하는 훈련이 되기도 한다. 7개 이내로 줄이려고 하다 보면 아무래도 '정말 오늘 꼭 해야 할 일인가'를 스스로 묻게 되고 긴급도와 중요도를 다시 판단하게 된다. 이 과정이 업무 관리의 정확도를 높이고 시간 활용 방식을 근본적으로 돌아보게 한다.

만약 해야 할 일이 너무 많다면 일단 모든 일을 적은 뒤 그중에서 '오늘의 핵심 업무' 7개만 추려 보자. 나머지는 별도의 목록으로 정리해 다음 날 이후로 넘기는 방법을 추천한다. 이렇게 하면 뇌에 부담을 줄이고 각 업무에 집중할 수 있으며 결과적으로 일의 실행률과 완성도도 자연스럽게 높아진다.

**스스로 정리할 수 있을 만큼, 할 일을 관리하는 것도 중요하다.**

POINT

**실천 가이드**

# 14

# 스트레스와 긴장은 하나도 좋을 것이 없다

만병의 근원인 스트레스는, 업무 환경에서도 환영받지 못한다. 아무리 뛰어난 기술이나 노하우가 있어도 주변 환경이 집중을 방해하는 요소로 가득 차 있다면 본래 능력을 충분히 발휘하기 어렵다. 심리학에서도 물리적·심리적 스트레스는 뇌의 처리 능력을 떨어뜨려 의사결정이나 창의적 사고에 부정적인 영향을 준다고 지적한다.

예를 들어, 계속 울리는 스마트폰 알림은 시각이나 청각을 통해 불필요한 자극을 지속해서 전달한다. 의식하지 않으려 해도 뇌는 그것들을 처리하지 않으려고 억제하는 데 추가적인 에너지를 소모하게 되고 주의력이 분산된다. 또한, 업무 공간에 긴장감이나 불안을 유발하는 요소가 많으면 스트레스 호르몬인 코르티솔Cortisol이 만성적으로 분비되어 피로감과 의욕 저하로 이어진다.

스트레스 해소의 첫걸음은 작업 공간의 '시각적 잡음Visual Noise'을 줄이는 것이다. 책상 위에 있는 모든 물건을 치우고 필요한 것들만 깔끔하게 배치해 보자. 스마트폰의 불필요한 알림은 끄고, 집중해서 작업하면 뇌도 한결 편안하고 안정된 상태가 된다. 시각뿐만 아니라 귀로 들어오는 정보인 음악이나 주변 환경 소리도 자신의 취향에 맞는 것을 찾는 것이 좋다.

이렇게 안심하고 집중할 수 있는 공간이 갖춰지면 몰입도가 높아져 결과적으로 작업의 질도, 속도도 향상된다. 아무리 바쁜 업무에 쫓기더라도 환경을 정돈하는 시간을 의식적으로 확보해 보자. 그것이 결국 자신의 성과를 뒷받침하는 토대가 된다.

**POINT** 시각적 잡음이 많은 공간은 스트레스가 쌓이기 쉽다.

**실천 가이드**

# 15
# 루틴은 얼마나 지킬 수 있느냐가 관건이다

　나만의 루틴을 만드는 것은 작업 효율과 심리 안정에 도움이 되는 효과적인 방법이다. 하지만 무작정 할 일을 정하기만 해서는 습관이 자리 잡기 어렵다. 결국 내가 하기에 부담이 없게 하고 절차를 명확하게 하는 것이 중요하다.

　우선 루틴으로 만들 행동은 진입 장벽을 낮추는 게 관건이다. 예를 들어, '출근 전에 이불 정리하기', '아침에 물 한 잔 마시기'처럼 1분도 채 안 걸리는 간단한 행동이면 충분하다. 여기에 효과를 더 높이려면 그 행동을 언제 어디서 할지 구체적으로 정해야 한다. 시간대나 장소를 고정하면 '습관의 트리거'가 형성

돼 잊어버릴 가능성이 줄어든다.

루틴을 꾸준히 이어가기 위해서는 실행한 내용을 기록하는 시스템을 마련해 두는 것도 도움이 된다. 달력이나 체크리스트에 표시하면 작은 성취감이 쌓이면서 동기부여가 유지된다. 여러 연구에서도 습관의 지속 여부는 행동의 간단함과 성취를 인식할 수 있는 시스템에 의해 크게 좌우된다고 보고되었다.

습관이 생활에 자연스럽게 뿌리내리기까지는 몇 주가 걸릴 수도 있지만, 첫 시작을 작게 설정하면 중도에 포기하는 일을 예방할 수 있다. 완벽을 목표로 하기보다 실천한 날을 솔직하게 있는 그대로 인정해 나가면 루틴은 조금씩 일상에 녹아들게 된다. 이렇게 쌓인 작은 행동들이 결국 장기적인 성과와 안정적인 퍼포먼스로 이어진다.

**POINT** 행동의 단순함과 성취 시스템 만들기로 동기부여를 유지할 수 있다.

# 스마트폰에 시간을 빼앗기지 않으려면

　찰나의 시간마저 스마트폰에 빼앗겨버리는 요즘, 나도 모르게 스마트폰만 들여다보는 시간이 너무 아깝지 않은가? 이런 시간 낭비를 하지 않으려면 스마트폰 사용을 유발하는 트리거를 먼저 점검하는 것이 중요하다.

　우선 취침 모드처럼 꼭 필요한 알림 외에는 꺼두자. 그다음 스마트폰을 시야에 들어오지 않는 곳에 두면 SNS 알림 등 무심코 스마트폰을 보게 만드는 트리거를 자연스럽게 차단할 수 있다.

　또한, '정해진 시간에만 확인하기' 같은 구체적인 규칙을 정하는 건 어떨까? 사람은 애매한 제한에는 유혹에 쉽게 넘어가는 경향이 있으므로, 확인 시간대나 횟수를 명확히 정해두면 심리적 부담이 줄고 스마트폰 사용을 스스로 조절하기 쉬워질 것이다.

# 2장

## 메시지를 정확하게 전달하는 감각

: 그리고 내가 뱉는 말을 확인할 것

효과 있어요!

# 56.8%

# 01

# 숫자나 사례로 확실한 근거를 제시하자

숫자는 제안이나 프레젠테이션 상황에서 가장 중요하고 확실한 무기가 된다. 주장의 신뢰성을 높이는 가장 강력한 방법은 무엇보다 숫자나 구체적인 사례를 제시하는 것이다.

사람은 감각적인 언어보다 수치화된 정보를 더 객관적인 증거로 인식하는 경향이 있다. 예를 들어, "저희 서비스로 생산성이 향상됩니다."라고 말하는 것보다 "이 서비스를 도입한 기업들은 평균적으로 업무 효율이 23% 개선되었습니다."라고 구체적인 사례를 제시하는 편이 훨씬 설득력이 커진다. 심리학 연구에서도 추상적인 표현보다 구체적인 숫자나 사례를 제시할 때 이해도와 설득력이 높아진다고 한다. '많은 고객이 선택한 제품'보다 '국내 누적 도입 실적이 2,000건을 넘는 제품'이 있다면 어떤 것을 구매하겠는가? 뒤의 경우에서 '그렇게 고객이 많다면 믿을 만하겠군'과 같은 신뢰감이 생길 것이다.

숫자뿐만 아니라 사례까지 더하면 신뢰성은 더 높아진다. 예를 들어, "서울의 A사는 도입하고 3개월 만에 연간 1,200만 원을 절감했습니다."라고 지역까지 포함한 구체적인 성공 사례를 덧붙이면 이야기가 실적에 뒷받침된 사실임을 증명할 수 있다. 이 또한 구체적인 증거는 설득력을 높인다는 '숫자의 신뢰' 원칙을 잘 보여준다.

이때 중요한 것은 수치를 부풀리지 않고 정확하며 검증할 수 있는 데이터를 사용해야 한다. 과장되거나 불확실한 정보는 잠시 신뢰를 얻을 수 있어도 결국 더 큰 신뢰를 잃게 된다. 숫자가 가진 힘은 강력하다. 그렇기에 정직함을 잊지 않고 근거가 뒷받침된 정보를 선택하는 자세가 중요하다.

**POINT**

**구체적인 사례와 숫자를 함께 제시하면 신뢰를 뒷받침하는 강한 근거가 된다.**

# 54.7%

## 02

# 중요한 이야기는 반드시 처음이나 마지막에 한다

아무리 내용이 알차더라도 말하는 순서가 적절하지 않으면 인상에 남기 어렵다. 이럴 때 기억해야 할 심리학 법칙이 바로 '초두 효과Primacy Effect'와 '최신 효과Recency Effect'이다.

초두 효과는 이야기의 시작 부분에서 전달된 정보가 더 기억에 남기 쉬운 심리 현상이다. 처음에 제시한 정보는 무의식중에 '다음 이야기를 이해하는 기준'으로 자리 잡기 때문에, 뒤에 제시한 정보보다 상대의 머릿속에 오래 남는다는 사실이 연구를 통해 밝혀졌다. 예를 들어, 프레젠테이션 도입부에서 "이 제안으로 비용을 20% 정도 절감할 수 있습니다."라고 말하면 듣는 사람은 이 제안을 자연스럽게 '비용 절감'에 관한 이야기로 기억하게 된다.

반면 최신 효과는 마지막에 들은 정보가 강하게 인상에 남는 현상이다. 이야기가 끝날 때는 '마무리'라고 인식되기 쉬워, 기억을 정리하는 과정에서 특히 선명하게 남는다. 예를 들어, 프레젠테이션을 마무리할 때 "그래서 이 결과로 매출이 연간 3억 원 증가한 사례가 있습니다."라고 말하면 그 강렬한 인상이 상대의 기억에 각인된다.

이 두 가지 효과를 활용하는 핵심은 가장 중요한 정보를 '처음이나 마지막'에 배치하는 것이다. 이야기의 중간에 중요한 정보를 넣으면 인상에 남지 않고 기억에서 쉽게 빠져나간다. 그래서 핵심 내용은 명확하게 정리한 뒤 효과적으로 배치하는 전략이 필요하다. 처음과 끝, 두 번에 걸쳐 중요한 정보를 제시하고 여기에 데이터나 구체적인 사례를 곁들이면 훨씬 인상에 남는다. 프레젠테이션 초반에 슬라이드 한 장으로 핵심 요점을 보여주고, 마지막에 같은 슬라이드를 다시 보여주는 방법도 있다.

**중요한 정보는 처음과 끝에 반복해 제시해야 강하게 기억에 남는다.**

효과 있어요!

# 48.4%

## 03

# 'O·X' 보다
# '어느 쪽으로 할래?'
# 라고 묻자

제안이나 프레젠테이션에서 '상대가 실제로 어떤 결정을 내리도록 유도할 것인가'는 매우 중요하다. 아무리 열심히 설명해도 정작 상대가 제안을 선택하지 않는 경우도 흔하다. 이럴 때 활용할 수 있는 것이 바로 '전제 설정형 선택 질문'이라는 심리 기법이다.

이 기법은 '무엇을 선택할 것인가'를 전제로 대화를 전개함으로써 상대가 'NO'라는 선택지를 자연스럽게 떠올리지 못하게 만드는 심리적 유도 방식이다. 예를 들어, 상대에게 "제 제안을 검토해 주시겠습니까?"라고 물으면 '예'와 '아니요'라는 선택지,

즉 '승인' 또는 '거부'라는 두 가지 선택지 사이에서 고민하게 된다. 하지만 "도입하신다면 A·B·C 중에 어떤 플랜이 가장 적합하실까요?"라고 묻는다면 이미 도입한다는 전제가 질문에 포함된다. '어떤 것으로 할까?'라는 질문은 상대의 사고 초점을 구매할지 말지에서 어떤 것을 선택할지로 이동시킨다.

이때 중요한 점은 선택지를 하나가 아닌 여러 개로 준비하는 것이다. 선택지가 여러 개 있으면 상대는 직접 고른다는 주체적인 감각을 느끼게 된다. 사람은 스스로 내린 결정을 합리화하려는 경향이 있기 때문에 선택에 대한 만족도가 높아지고, 자신의 결정을 후회할 가능성은 줄어든다. 보험 영업이라면 "필요하시면 설명해 드리겠습니다."가 아니라 "A 보장형, B 밸런스형, C 비용 중시형, 이렇게 3가지가 있는데, 어느 것부터 설명해 드릴까요?"라고 묻는 것이 좋다. '선택하지 않는' 선택지는 애초에 언급하지 않고 상대가 선택하는 과정에 스스로 들어오도록 유도하는 것이다. 전제 설정형 선택 질문은 '상대방이 주도권을 쥐고 있다고 느끼게 만드는 점'이 특히 중요하다. 스스로 선택했다면 심리적 저항감이 크게 낮아진다.

**POINT** 제안 내용을 스스로 선택했다고 느끼도록 설계한다.

# 42.8%

**04**

# 프레젠테이션의 성패는 첫인상이 좌우한다

첫인상이 성공의 70%를 결정한다는 말이 있다. 이는 심리학에서 잘 알려진 '초두 효과'와 깊은 관련이 있다. 앞서도 간략히 언급했지만, 초두 효과란 사람이 정보를 받아들일 때 가장 먼저 얻은 정보가 강하게 인상에 남아 그 이후의 평가와 판단에 큰 영향을 미치는 심리 현상을 말한다. 즉, 프레젠테이션 초반에 어떤 인상을 주느냐가 상대의 마음에 강하게 각인되어 그 이후의 내용을 어떻게 받아들일지에 영향을 미친다는 의미다.

예를 들어, 프레젠테이션 시작부터 자신감 있는 태도로 명확한 메시지를 전달하고 자세나 목소리 톤, 시선 처리를 잘 활용하면 듣는 사람에게 '이 사람의 이야기는 들을 가치가 있다'라고 느끼게 할 수 있다. 반대로 모호한 말투나 불안정한 태도를 보이면 듣는 사람은 처음부터 불신이나 의문을 품게 되어 이후에 아무리 좋은 내용을 전달해도 평가가 낮아지기 쉽다.

첫인상은 언어적인 요소뿐만 아니라 비언어적 요소도 큰 역할을 한다. 듣는 이는 표정이나 제스처, 복장이나 몸가짐을 포함해 무의식적으로 많은 정보를 받아들인다. 특히 처음 몇 초 만에 '이 발표자는 신뢰할 수 있나?', '들을 만한 가치가 있는 이야기인가?'를 즉각적으로 판단하기 때문에 외모나 태도에도 세심한 신경을 써야 한다.

프레젠테이션의 성공률을 높이고 싶다면 무엇보다 첫인상을 중요하게 생각해야 한다. 초두 효과 원리를 잘 이해하고 프레젠테이션 초반 몇 분 안에 강한 인상을 줄 수 있다면 이후의 내용도 순조롭게 받아들여지고 듣는 이의 마음을 움직일 수 있다. 프레젠테이션 준비 단계부터 첫인상을 의식한 연습을 반복하는 것, 그것이 성공으로 가는 지름길이다.

**프레젠테이션의 내용만큼이나 첫인상에 신경 쓰자.**

POINT

**05**

# 상대에게 긍정적인 인상을 주려면, 상대를 관찰하라

현장에서 상대의 마음을 사로잡고 긍정적인 인상을 주고 싶을 때 특히 효과적인 기법이 바로 '미러링Mirroring'이다. 이는 심리학에서 잘 알려진 기법으로 상대의 언행, 즉 태도, 말투, 표정, 몸짓 등을 은근슬쩍 따라 하면 상대에게 '이 사람은 나와 비슷하다', '믿을 수 있다'라는 느낌을 주는 효과가 있다. 프레젠테이션의 성공에 크게 도움이 되는 중요한 스킬이다.

미러링의 기본은 상대에게 다가가는 것이다. 예를 들어, 상대가 느긋하게 이야기하면 속도를 맞춰 천천히 말한다. 상대가 손동작을 많이 사용한다면 마찬가지로 자연스럽게 손을 움직이며 말한다. 앉아 있는 자세나 몸의 방향도 자연스럽게 맞추면 상대에게 안정감과 친근감을 줄 수 있다. 이렇게 하면 발표하는 동안 긴장이 완화되고 자연스럽게 신뢰 관계가 형성되기 쉽다. 심리학적으로 사람은 자신과 비슷한 행동을 하는 사람에게 무의식적으로 끌리는 경향이 있다. 이는 '유사성의 법칙Law of Similarity'이라고도 하며 소통을 원활하게 하고 상대방의 마음을 열게 하는 중요한 요인이 된다. 미러링은 이 법칙을 활용한 것으로 상대가 무의식적으로 내 편으로 느끼도록 유도하는 방법이다.

주의해야 할 점은 '지나치지 않는 것'이다. 어디까지나 자연스러운 태도를 보이는 것이 핵심이다. 상대의 말투나 제스처를 잘 관찰하고 억지스럽지 않아야 한다.

또한, 미러링은 상대의 감정에 공감하는 데도 효과적이다. 상대가 관심을 보이는 주제에 대해서는 적극적으로 고개를 끄덕이고 맞장구를 치며 미소를 보여 공감을 표현하자. 이러한 비언어적 소통은 말보다 훨씬 강력한 메시지가 되어 당신의 설득력을 높여준다.

**POINT** **상대가 말하는 속도에 맞추면 안정감을 줄 수 있다.**

효과 있어요!

# 35.9%

## 06

# 중요한 협상에서는 복장을 신경 쓰자

중요한 미팅 자리에서는 복장에도 세심한 주의를 기울이는 것이 성공의 열쇠가 된다. 나뿐만 아니라 미팅 자리에 함께 하는 다른 직원의 복장까지도 말이다. 이는 심리학에서 말하는 '후광 효과Halo Effect'와 깊은 관련이 있다.

후광 효과란 인상 깊은 부분 하나가 다른 평가에도 영향을 미치는 심리 현상을 말한다. 예를 들어, 단정한 차림을 한 사람은 '일을 잘할 것 같다', '신뢰가 간다'라는 긍정적인 인상을 주기 쉽다. 마찬가지로 팀 단위로 움직이는 상황에서는 부하 직원의 인상이 리더의 평가에도 영향을 미친다.

부하 직원이 단정하지 못하고 흐트러진 모습으로 협상 자리에 나온다면 팀 전체의 신뢰도가 떨어지고 상대방은 '이 조직은 관리가 허술하네', '협상에 진지하지 않군' 같은 판단을 내리기 쉽다. 반면, 부하 직원을 포함해 모두가 단정한 복장으로 임한다면 '이 팀은 조직적으로 준비된 팀이네'라는 인상을 주게 된다.

후광 효과를 통해 전달되는 당신의 인상은 협상의 성패에 큰 영향을 미친다. 겉모습이 단정하면 말이나 태도의 사소한 결점도 관대하게 받아들여지기 쉽지만, 반대로 단정하지 못하면 아무리 논리적으로 설명해도 평가가 박해질 수밖에 없다. 따라서 단정한 용모는 협상 능력의 일부라고 생각하고 협상 준비 단계에서부터 철저히 신경 써야 한다. 팀원의 단정한 용모는 단순히 외적인 문제를 넘어 사내 규율과 프로 의식의 표현으로 드러난다. 팀 전체가 정돈된 모습으로 등장하면 조직력과 결속력이 드러나 협상 상대에게 신뢰를 준다. 후광 효과를 의식한 팀 전체의 용모 관리는 협상 성공률을 높이는 강력한 무기임에 틀림없다.

**POINT** 팀원의 이미지는 리더의 평가에도 영향을 미친다.

**효과 있어요!**

# 35%

# 07

# 프레젠테이션에는 적절한 스토리텔링이 필요하다

발표에 이야기를 담으면 선택될 확률이 높아진다는 것을 아는가? 사람은 단순한 사실의 나열보다 이야기 형식으로 전달된 정보를 더 오래 기억하고 감정적으로 공감하며 의사결정에 더 쉽게 영향을 받는다.

우리의 뇌는 이야기를 이해하고 공감하는 과정을 통해 정보를 더 잘 정리한다. 프레젠테이션에 구체적인 에피소드나 기승전결의 흐름을 담으면, 듣는 사람은 그 내용을 머릿속으로 그리면서 제안의 가치를 더욱 깊이 이해할 수 있게 된다. 예를 들어, 문제 제시부터 해결책, 성공 사례까지를 구체적인 회사 이름 등을 예로 들며 하나의 이야기로 전달하면 신뢰감과 설득력이 훨씬 높아진다. 또한, 이야기에는 감정을 움직이는 힘이 있다. 단순한 숫자나 데이터만으로는 전달하기 어려운 문제의 심각성이나 개선 후의 만족감을 이야기로 전달하면 듣는 사람의 마음을 쉽게 사로잡을 수 있다.

스토리텔링을 활용하면 정보의 구조가 잘 정리되고 프레젠테이션 전체의 흐름이 명확해진다. 듣는 사람은 '지금 어떤 단계인지', '왜 이 이야기가 필요한지'를 좀 더 쉽게 이해할 수 있고 집중력도 오래 유지할 수 있다. 복잡한 기술 설명이나 수치 역시 이야기에 자연스럽게 녹이면 더 이해하기 쉽다.

다만, 이때 억지로 감동적인 이야기를 끼워 넣거나 사실을 과장하는 것은 오히려 역효과를 부른다. 무엇보다 중요한 것은 그 에피소드를 통해 전달하고자 하는 메시지를 명확히 하자. 프레젠테이션 내용을 공감을 끌어낼 수 있는 이야기 구조로 만들면 제안이 채택될 확률은 한층 높아진다.

**스토리텔링을 활용하면 정보가 더 쉽게 정리된다.**

효과 있어요!

# 34.2%

## 08

# 작은 YES를 쌓아가면 어려운 협상에서도 성공한다

비즈니스 협상이나 프레젠테이션에서 상대가 제안을 받아들이도록 만드는 일은 쉽지 않다. 이런 상황에서 유용한 것이 '풋 인 더 도어Foot in the door'라는 심리학 기법이다. 이는 먼저 작은 부탁부터 시작해 상대에게 'YES'라는 답을 끌어내면, 그다음 더 큰 요청도 수락하게 된다는 심리적 특성을 활용한 것이다.

사람은 한번 응한 행동에 일관성을 유지하려는 경향이 있다. 첫 번째 작은 'YES'가 협조적인 사람이라는 이미지를 형성하기 때문에 다음 요청 역시 쉽게 받아들이게 된다. 예를 들어, 처음에 "이 자료를 대충 훑어봐 주시겠어요?"라고 부탁하고, 이어서 "이 부분을 좀 더 자세히 설명해도 괜찮을까요?"라고 단계적으로 접근하면 자연스럽게 핵심 제안으로 넘어갈 수 있다. 이 방법은 상대방의 부담을 줄여주는 장점도 있다. 잘 모르는 상대가 갑자기 큰 요구를 하면 누구라도 거부감을 느끼고 불신이 생기기 마련이다. 하지만 부담이 적은 작은 요청이라면 받아들이기 쉬우므로 이를 쌓아가는 과정을 거치면 상대의 심리적 장벽도 점점 낮아진다. 이후 신뢰 관계도 형성하기 수월해진다. 이때 처음 하는 요청이 상대에게 무리가 되지 않는 범위여야 한다는 점이 무엇보다 중요하다. 부담이 지나치면 오히려 신뢰를 잃을 수 있다.

이 방법은 일상적인 소통이나 팀 관리에도 활용할 수 있다. 부하 직원에게 새로운 업무를 맡길 때도 작은 과제부터 시작하면 자신감이 붙고 협력 의지도 커진다. 작은 부탁에서 출발해 본론으로 자연스럽게 이어지는 '풋 인 더 도어' 이론은 상대의 심리적 저항을 낮추고 원활하게 합의를 끌어내는 강력한 전략이다.

**POINT** 첫 질문이나 제안에서 상대가 'YES'라고 대답하게 만들어라.

**효과 있어요!**

# 28.3%

**09**

# 상대방의 인상에
# 남게 하려면
# 일곱 번 반복해 말하라

상대방이 꼭 기억했으면 하는 중요한 내용이나 키워드는 일곱 번 반복하면 효과적이라는 것을 아는가? 이는 심리학에서 널리 알려진 '일곱 번 노출의 법칙Seven Hits Rule'이다.

사람의 기억은 반복 횟수에 따라 정착되기 쉬운 특성이 있다. 특히 '7회'라는 숫자는 기억을 정착시키는 데 과학적으로도 많은 심리 실험을 통해 그 효과가 입증되었다. 한 번 들은 정보는 쉽게 잊히지만 일곱 번 정도 반복해서 접하면 뇌 내에서 장기 기억으로 확실하게 각인된다. 이 법칙의 배경에는 뇌의 신경 회로가 반복을 통해 강화된다는 메커니즘이 있다. 한 번의 접촉으로는 잊기 쉬운 정보도 반복할 때마다 뇌가 중요한 정보라고 판단하여 기억으로 정착하기 쉬워지는 것이다.

상대의 기억에 핵심 메시지를 효과적으로 각인시키기 위한 반복 전달법은 연달아 같은 말을 되풀이하기보다는 다른 문맥이나 타이밍에서 다시 제시하고 시각 자료나 구체적 사례와 엮어서 보여주면 훨씬 자연스럽고 효과적이다. 메시지를 반복할 때마다 조금씩 다른 관점이나 에피소드를 더해 주면, 상대에게 신선한 인상을 주면서 기억에도 더 잘 자리 잡는다. 이는 단순한 주입식 반복을 넘어 흥미와 공감을 끌어내는 전달 방식이 되기도 한다.

다만, 아무리 반복이 효과적이라고 해도 완전히 똑같은 표현을 계속해서 사용하면 오히려 듣는 사람이 지겹다고 느낄 수 있다. 상대가 흥미를 잃거나 듣고 싶은 마음이 꺾이지 않도록, 표현을 다양하게 바꾸거나 사례와 연결해 변화를 주는 전략이 매우 중요하다.

**표현을 바꿔가며 키워드를 일곱 번 노출한다.**

효과 있어요!

**27.1%**

# 10

# '당신만을 위한' 제안이라면?

비즈니스 협상이나 프레젠테이션에서 '당신만을 위한'이라는 한 마디를 덧붙이는 것만으로도 상대방의 관심과 호응을 크게 끌어낼 수 있다. 이는 심리학에서 잘 알려진 '희소성의 원리 Scarcity Principle'에 기반한 효과다.

희소성의 원리란 얻기 어렵거나 한정된 것에 더 높은 가치와 매력을 느끼는 심리 현상을 말한다. '당신만을 위한'이라는 표현을 사용하면 상대에게 그 제안은 특별하고 희소하다는 인상을 줄 수 있다. 예를 들어, 상대는 이것이 나를 위해 특별히 준비된 제안이라고 느끼면 특별한 존재가 되고 싶다는 인정 욕구가 충족되어 제안에 긍정적으로 반응할 가능성이 높아진다. 이러한 심리 기술은 영업이나 협상에서 상대를 움직이는 강력한 힘이 된다.

실제로 프레젠테이션에서 "이것은 당신을 위해 특별히 준비했습니다."라고 먼저 말을 꺼내면, 단순한 제안이 아닌 자신을 위한 맞춤 제안이라고 받아들여지기 쉽다. 이렇게 접근하는 것만으로도 상대는 선택받았다는 느낌을 받아 제안을 더 적극적으로 검토하게 될지도 모른다.

다만, '당신만을 위한'이라는 표현을 지나치게 남발하면 역효과를 낼 수도 있다. 너무 자주 특별함을 강조하면 형식적이거나 과장된 한정처럼 비칠 수 있어 오히려 신뢰를 잃을 위험이 있다.

**POINT**    **'당신만을 위한 제안'은 정말 중요한 순간에 사용한다.**

**11**

# 숫자를 이용해 제안의 가치를 높인다

광고에서 '수량 한정'이나 '기간 한정'이라는 표현을 자주 봤다면 그것은 결코 우연이 아니다. 이는 앞에서 설명한 '희소성의 원리'를 활용한 대표적인 기법이다.

수량이나 시간이 제한되어 있으면 지금이 아니면 다시는 기회가 없을지도 모른다는 위기감이 생기기 쉽다. 이러한 감각은 구매 욕구와 의사결정을 강하게 자극한다. 예를 들어, '선착순 100명 한정'이나 '이번 주말까지만 특가'와 같은 조건을 제시하면, 상대는 이 기회를 놓치면 손해라고 느끼기 쉽다. 누구나 손해 보고 싶지 않은 마음이 있기 때문에 이는 강력한 동기부여가 된다. 또한, 희소성은 수량뿐만 아니라 시간의 제약에서도 큰 영향을 미친다. 제한된 시간 안에 결정해야 하는 상황은 긴박함과 초조함을 불러와 지나치게 신중한 자세를 누그러뜨린다. 그 결과 신속한 결정을 유도해 제안이나 상품이 받아들여질 가능을 높이는 것도 좋다.

다만, 희소성을 활용할 때는 실제로 한정되어 있다는 사실이 매우 중요하다. 과장된 한정 표현이나 사실과 다른 문구를 사용하면 신뢰를 잃고 브랜드 이미지가 실추될 위험이 있다. 실제로 가치 있는 조건을 정직하게 전달하는 것이 핵심이다.

비즈니스에서 희소성의 원리를 효과적으로 활용하면 상품의 매력을 크게 높일 수 있다. 수량이나 시간을 구체적으로 제시하면 상대의 심리에 작용해 가치를 더 높게 느끼게 만들 수 있으며 이는 의사결정을 촉진해 성과로 이어질 확률을 크게 높여준다.

**제한이 있는 제안은 상대의 마음을 촉박하게 한다.**

POINT

효과 있어요!

## 23.9%

# 12

# 단정한 겉모습은 설득력을 높인다

상대를 설득해야 하는 상황이 오면 우리는 흔히 얼마나 논리 정연하게 말할 수 있는지에만 신경 쓴다. 하지만 실제로는 외모를 단정히 하는 것만으로도 결과는 달라질 수 있다. 사람들은 깔끔한 외모와 단정한 복장에서 '이 사람은 신뢰할 만하다', '능력 있어 보인다'는 인상을 쉽게 받는다. 이는 앞에서도 설명한 '후광 효과'가 작용하는 대표적인 사례다.

예를 들어, 똑같은 내용을 발표하더라도 외모가 단정한 발표자가 훨씬 긍정적인 반응을 얻는 경우가 많다. 이는 심리적인 선입견이 작용하기 때문인데 상대가 이야기의 내용을 받아들일 준비를 하게 만드는 효과가 있다.

외모를 단정하게 가꾸는 일은 가장 단순하면서도 효과적인 방법 가운데 하나다. 첫인상에서 좋은 평가를 얻는다면 이후의 대화나 협상도 훨씬 순조롭고 원활하게 진행될 수 있다. 더 나아가 외모를 단정히 하는 일은 자신의 마음가짐에도 긍정적인 영향을 준다. 옷매무새를 가다듬고 자세를 바르게 하는 것만으로도 자연스레 자신감이 생기고, 목소리와 표정에도 안정감이 더해진다. 이러한 변화는 상대방에게도 그대로 전달되어 성실하고 믿음직한 인상을 줄 수 있다.

아무리 바쁘더라도 단정한 차림새에 조금만 신경 쓰면 상대의 반응이 놀라울 만큼 달라질 수 있다. 작은 노력이 설득력을 몇 배로 끌어 올리는 힘이 된다. 여기에 밝고 긍정적인 태도로 소통하면 상대에게 편안함과 친근감을 주어 결국 더 단단한 신뢰 관계로 이어진다.

**POINT** 단정한 외모는 설득력을 높인다.

## 13

# 한 번 거절당한 후 제안은 통과되기 쉽다

영업이나 프레젠테이션에서 상대가 제안을 받아들이길 원할 때, 곧바로 핵심 제안을 꺼내기보다 먼저 어마어마하게 큰 요구를 제시하는 편이 더 효과적일 때가 있다. 이럴 때 활용되는 심리 기법이 바로 '도어 인 더 페이스Door in the face'다. 사람은 처음에 받아들이기 어려운 제안을 거절하고 나면 그다음에 제시된 현실적인 제안에 대해서는 '이 정도라면 들어줘도 괜찮다'고 느끼는 경향이 있다.

예를 들어, "우선 3년짜리 대형 계약을 검토해 주시겠습니까?"라고 먼저 제안한 뒤, "그게 부담스러우시면 일단 6개월짜리 시험 도입부터 시작해 보시는 건 어떨까요?"라고 이어서 말해 보자. 처음에 부담이 큰 선택지를 제시하면 다음 제안은 상대적으로 부담이 적게 느껴져 수락할 가능성이 커진다. 실제 영업이나 협상 현장에서도 이 방법으로 계약이나 협력을 끌어낸 성공 사례가 많이 보고된다.

이때 핵심은 첫 요청도 충분히 검토할 만한 가치가 있다고 느낄 정도로 설정하는 것이다. 너무 터무니없는 제안은 상대에게 불신을 불러일으켜 역효과가 날 수 있다. 중요한 것은 거절당한 직후에 다음 선택지를 제시해, 상대가 양보받은 것처럼 느끼도록 흐름을 만드는 것이다.

만약 '좋은 제안을 했는데도 결정을 미룬다', '가격 협상에서 매번 밀린다'고 고민된다면, '도어 인 더 페이스' 전략을 의식적으로 활용해 보자. 제안 하나를 더 추가하는 것만으로도 본래의 제안이 훨씬 현실적이고 매력적으로 보일 수 있다. 실제로 제안이나 프레젠테이션에서는 제안의 순서를 조금만 전략적으로 조정해도 결과는 완전히 달라질 수 있다.

**현실적인 제안으로 상대가 양보받은 것처럼 느끼게 하자.**

효과 있어요!

# 21.8%

# 14

# 무난한 선택지가 더 많이 선택 받는다

비즈니스 협상에서는 상대에게 여러 선택지를 제시하는 경우가 많다. 이때 꼭 통과시키고 싶은 제안을 몇 번째 위치에 두느냐는 의사결정에 생각보다 중요하다.

이를 설명하는 원리가 바로 '골디락스 효과Goldilocks Effect'이다. 골디락스 효과란 사람들이 지나치게 극단적이지 않은 '중간 정도의 선택지'를 가장 고르기 쉬워하는 경향을 말한다. 실제로 인간은 가운데에 가까운 무난한 선택지를 선호하는 경향이 있다. 골디락스라는 이름은 동화《골디락스와 곰 세 마리》에서 유래했는데, 주인공 소녀 골디락스가 세 가지 죽 중에서 너무 뜨

겁지도 차갑지도 않은 딱 적당한 죽을 선택한 데서 비롯되었다.

이 심리 현상은 실제 의사결정에서도 나타난다. 특히 세 가지 선택지가 나열되어 있을 때 사람들은 지나치게 저렴하거나 고가인 옵션보다 중간 옵션을 가장 무난하고 안심할 수 있는 선택지라고 느낀다. 예를 들어, 어떤 서비스를 제안할 때 '라이트 플랜', '표준 플랜', '프리미엄 플랜' 이렇게 세 가지를 준비하면 대다수 사람은 가운데에 있는 '표준 플랜'을 선택하기 쉽다. 이는 균형이 좋아 보인다거나 실패하고 싶지 않은 심리가 작용하기 때문이다. 고가의 플랜은 '사치스럽다', 저렴한 플랜은 '품질이 걱정된다'고 무의식적으로 판단해 중간을 '딱 좋다'고 느낀다.

다만, 이처럼 선택을 유도하기 위한 설계에는 주의가 필요하다. 중간 옵션을 선택하게 하려고 양 끝단의 플랜을 아무도 선택하지 않을 만큼 비현실적이고 극단적으로 구성하면 오히려 역효과가 난다. 어디까지나 현실적으로 가능한 세 가지 안으로 보이도록 구성하는 것이 신뢰를 유지하는 데 중요하다.

**POINT** 사람은 중간에 있는 선택지를 가장 무난하고 안전한 선택지로 받아들인다.

15

# 첫 번째 데이터는 모든 판단의 기준이 된다

프레젠테이션이나 협상 자리에서는 처음에 어떤 정보를 제시하느냐가 매우 중요하다. 사람은 처음에 접한 정보를 무의식적으로 기준으로 삼아 이후 판단을 내리기 때문이다. 이러한 심리 현상을 '앵커링 효과Anchoring Effect'라고 부른다.

예를 들어, 상품이나 서비스의 가격을 설명할 때 처음부터 높은 금액을 제시하면 그것이 상대의 머릿속에서 기준이 된다. 그 결과 이후에 할인된 가격을 제시하면 가격이 내려갔으니 이득이라는 인상을 주기 쉽다. 반대로 처음부터 낮은 금액을 제시하면 할인 폭이 크지 않을 때 상대는 생각보다 그리 이득은 아니라고 느낄 수 있다. 이처럼 사람은 처음 제시된 정보에 강하게 끌리는 경향이 있다.

앵커링 효과는 가격뿐만 아니라 성과, 위험도, 만족도 등 다양한 영역에도 영향을 미친다. 예를 들어, 프레젠테이션 초반에 "이 전략으로 월 매출이 2,000만 원가량 개선된 사례가 있습니다."라고 예상되는 성과를 제시하면, 그 숫자가 제안 전체의 기준이 된다. 상대는 이후 비용에 대한 설명을 들을 때도 비용이 들더라도 성과를 기대하는 긍정적 인상을 받게 된다. 이 효과를 제대로 활용하려면 사전에 상대가 '어떤 숫자를 기준점으로 삼게 할지' 명확히 정해두는 것이 중요하다. 프레젠테이션 도입부에서 신뢰도가 높고 인상적인 데이터를 배치하면 해당 숫자가 상대의 머릿속에서 기준점으로 확실히 자리 잡게 할 수 있다.

다만, 지나치게 현실과 동떨어진 수치를 제시하면 오히려 제안에 대한 신뢰를 잃을 수 있다. 신뢰할 수 있는 범위 내에서 인상에 남을 만한 정보를 선택하는 것이 핵심이다.

**POINT**

**기준이 될 첫 번째 데이터는 이후 무엇을 전달하고 싶은지에 따라 선택한다.**

# 16

# 정보는 찾기 쉽게, 인상에 남는 자료의 오른쪽 위에 배치한다

프레젠테이션 자료나 광고, 웹사이트 디자인을 구상할 때 같은 정보라도 어디에 배치하느냐에 따라 전달되는 인상이나 주목도가 크게 달라진다. 이는 사람이 정보를 시각적으로 처리할 때 나타나는 경향, 즉 '시각 우세성Visual Dominance'과 'Z의 법칙Z-Pattern'에 기반한 현상이다.

사람은 문서나 화면을 볼 때 무의식적으로 왼쪽 위에서 오른쪽 위, 그리고 왼쪽 아래에서 오른쪽 아래로, Z자 형태의 시선 흐름을 따르는 경향이 있다. 이는 한국어나 영어처럼 왼쪽에서 오른쪽으로 글을 읽는 문화권에서 특히 두드러진다. 먼저 왼쪽 위에서 어떤 정보인지를 대략 파악하고, 다음으로 오른쪽 위에서 '핵심'을 찾는다. 이 시선의 흐름을 고려해 정보를 배치하면 내용을 더 쉽게 이해하고 기억에도 강하게 남는다. 예를 들어, 제안 자료의 표지라면 왼쪽 위에 제목을, 오른쪽 위에는 '귀사의 이익을 30% 높이는 방법'과 같은 인상적인 문구를 배치한다. 이렇게 하면 자연스럽게 시선이 오른쪽 위로 향하고, 전달하고자 하는 가장 중요한 메시지에 시선이 머물게 된다.

또한, 오른쪽 위에 있는 요소는 다른 위치보다 더 긍정적으로 인식되는 효과가 있다. 그래서 도표에서도 강점이나 좋은 평가 요소처럼 우수한 항목을 오른쪽 위에 배치하는 경우가 많다. 이는 심리적 원리를 활용해 인상을 강화하는 효과적인 배치 방식이다.

하지만 이것저것 지나치게 정보를 몰아넣으면 시선이 분산되어 오히려 전달력이 떨어진다. 오른쪽 위는 하나의 메시지에 집중하고 여백을 적절히 활용해 시각적 무게감을 더할 수 있다. 시선의 흐름과 인간의 인지 특성을 고려해 정보를 배치하는 것만으로도 전달력은 크게 달라진다.

**가장 강조하고 싶은 데이터를 오른쪽 위에 배치한다.**

효과 있어요!

# 14.4%

**17**

# 회의를 주도하고 싶다면 테이블의 중심에 앉는다

회의나 프레젠테이션에서 앉는 위치는 의외로 큰 의미가 있다. 위치에 따라 그 사람의 발언권과 영향력의 크기가 달라지기 때문이다. 특히 테이블 중심에 앉는 사람은 자연스럽게 이 자리를 이끄는 사람으로 인식되기 쉽다.

심리학에서도 앉는 위치는 그 사람의 역할, 존재감, 그리고 주변과의 관계를 결정짓는 요소다. 테이블을 사이에 두고 정면으로 마주 앉으면 대립적이거나 협상 중심의 구도가 형성되기 쉽다. 반면, 테이블 구석 자리는 영향력이 약하거나 적극적으로 발언하지 않는 방관적인 태도로 보일 가능성이 크다.

따라서 테이블 중심에 앉으면 그 공간에서 자연스럽게 시선을 끌고 발언의 중심에 서기 쉬워진다. 또한, 가운데 자리는 전체를 한눈에 조망할 수 있는 위치이기도 하다. 이 때문에 심리적으로도 '이 사람이 이 자리의 축'이라는 인상이 강화된다. 발표자에게는 가장 좋은 자리라고 할 수 있다. 게다가 중심에 앉으면 상대의 반응을 살피기에도 유리하다. 좌우로 시선을 고르게 돌리며 참가자들의 표정과 태도를 확인하면서 이야기를 이끌어갈 수 있다. 그 결과 대화의 흐름이나 회의 진행을 자신의 속도와 상황에 맞춰 유연하게 조율할 수 있다. 이러한 유연함은 협상이나 토론에서 주도권을 잡는 데 매우 효과적이다.

다만, 중심에 앉을 때는 태도와 행동에도 주의가 필요하다. 앉는 위치만으로 권위를 보여주려고 한다면 고압적인 인상을 줄 수 있다. 주변의 의견을 존중하고 상대의 말을 끌어내려는 태도를 보여야 비로소 리더십과 신뢰를 동시에 확보할 수 있다. 태도가 뒷받침되지 않으면 앉는 위치의 효과는 오히려 역효과로 돌아올 수 있다.

**긴 테이블의 중심에 앉으면 전체를 조망하며 회의를 진행할 수 있다.**

**실천 가이드**

# 18

# 나의
# 설득력 점수는
# 몇 점?

좋은 프레젠테이션을 위해서는 자신의 말에 설득력이 있는지 점검하는 과정이 꼭 필요하다. 아무리 내용이 훌륭해도 말투에서 불안함이 느껴지면 상대를 설득하기 어렵다.

가장 효과적인 방법은 자신의 발표를 녹음하거나 녹화해서 나중에 다시 들어보는 것이다. 말할 때는 전달하려는 내용에 의식이 집중되기 때문에 상대에게 어떻게 전달되고 있는지까지는 신경 쓰기 어렵다. 하지만 녹음해서 들어보면 말의 속도와 억양, 목소리 크기, 쉬는 타이밍 등 자기 말투의 특징이 객관적으로 보인다. 말끝을 처리하는 습관이나 목소리 톤 같은 세세한 부분도 녹음해서 들으면 놓치지 않고 파악할 수 있다. 예를 들어, 설명이 장황하다든지, 말끝을 흐린다든지, 긴장하면 말이 빨라지는 등 스스로 미처 깨닫지 못했던 '전달이 매끄럽지 않은 이유'가 명확해진다. 그 이유를 파악한 뒤 설명 순서를 바꾸거나 표현을 간결하게 다듬는 것만으로도 듣는 사람의 이해도와 몰입도는 크게 달라질 진다.

또한, 자기 영상을 보면서 재미있는지, 이해하기 쉬운지를 확인하면 개선해야 할 부분이 더욱 뚜렷해진다. 이런 개선 과정을 반복하면 말하기 실력이 자연스럽게 늘고 실제 프레젠테이션에서도 긴장하지 않고 자신 있게 임할 수 있다. 실제로 연설문 작성 전문가나 프레젠테이션 강사들도 대부분 녹음이나 녹화를 적극적으로 활용한다.

중요한 것은 '전하고 싶은 내용이 상대에게 제대로 닿는가'이다. 먼저 스스로 자기 말을 듣고 이해할 수 있는가를 확인하는 것부터 시작해 보자. 연습을 위한 녹음·녹화는 단순히 복습에 그치지 않고 자신감과 설득력을 높이는 실질적인 훈련이다.

**POINT** 녹음·녹화를 활용해서 프레젠테이션 연습을 반복하면 긴장하지 않을 수 있다.

**실천 가이드**

# 19

# 프레젠테이션 고수는 '제스처'의 고수다

프레젠테이션 고수는 어떤 노하우를 갖고 있을까? 자신만의 스타일을 갈고닦기 위해서는 훌륭한 프레젠테이션 사례를 참고해 어떤 부분에 설득력이 있는지를 파악하는 연습이 도움이 된다. 예를 들어, 〈테드TED〉 같은 강연 영상을 보면 강연자의 이야기 도입부터 전개, 마무리 방식에 이르기까지 수많은 노하우가 곳곳에 숨어 있다.

특히 주목해야 할 점은 사람을 사로잡는 '이야기의 시작 방식'이다. 강렬한 에피소드나 질문 던지기, 혹은 공감을 불러일으키는 경험담 등 인상적인 도입이 많다. 이러한 도입부 구성은 듣는 이의 주의를 집중시키는 '초두 효과'나 '스토리텔링 효과'를 활용한 예시라고 할 수 있다.

또한, 발표 도중에 사용하는 비유나 예시도 눈여겨보자. 어려운 내용을 쉽게 전달하려면 머릿속에 그림이 그려지도록 설명하는 것이 중요하다. 능숙한 발표자일수록 추상적인 개념을 구체적인 사례로 바꿔 전달한다. 예를 들어, "이러한 변화는 마치 지각 변동과 같습니다."라는 식으로 전문 지식이 없더라도 쉽게 이해할 수 있는 표현을 사용한다. 발표 내용뿐만 아니라 말투나 제스처도 참고가 된다. 목소리의 강약, 시선 처리, 몸짓 등 비언어적 요소에 따라 이야기의 인상은 크게 달라진다.

프레젠테이션을 관찰한다는 것은 타인의 발표 장면을 통해 단순히 '무엇을 말할 것인가'뿐 아니라 '어떻게 말할 것인가'까지 간접적으로 경험하는 과정이다.

**내용뿐만 아니라 프레젠테이션 고수의 말투나 제스처도 참고한다.**

# 좋은 장소는 좋은 프레젠테이션을 만든다

좋은 프레젠테이션을 위해서는 이야기의 내용이나 슬라이드뿐만 아니라 '장소'도 중요하다.

심리학 연구에 따르면 환경은 상대방의 집중력과 인상에 큰 영향을 미친다. 예를 들어, 소음이 심한 장소나 지나치게 덥거나 추운 공간에서는 주의가 산만해져 내용이 제대로 전달되기 어렵다. 반대로 조용하고 적당한 밝기의 공간은 듣는 사람에게 안정감을 주고 집중력을 높여준다.

상대와의 거리감 또한 중요하다. 너무 가깝지도, 너무 멀지도 않은 적절한 배치는 친밀감과 긴장감의 균형을 맞추고 설득력을 높여준다. 가능하다면 사전에 현장을 살펴보고 최적의 환경을 조성하는 것이 성공적인 프레젠테이션의 핵심이 될 것이다.

# 3장

# 원만한 인간관계를
# 만들고 유지하는 감각

## : 또, 내 손이 닿는 주변을 둘러볼 것

# 59.1%

## 01

# 상대방과의 유대감을 강화하는 '공통점'을 찾는다

비즈니스에서는 상대방과 좋은 관계를 쌓는 것이 곧 성과로 이어진다. 이때 대화 주제에서 공통점을 찾는다면, 결과는 더 긍정적으로 변할 것이다. 심리학에서는 이를 '유사성 매력 효과 Similarity Attraction Effect'라고 부른다. 사람은 자신과 비슷한 출신지, 취미, 가치관을 가진 상대에게 자연스럽게 친근함을 느낀다.

유사성 매력 효과는 사회심리학 연구를 통해서도 확인되었는데 공통점을 공유하면 뇌의 보상 체계(만족감을 느끼는 회로)가 활성화된다. 그 결과 상대와 더 가까워지고 싶은 마음이 자연스럽게 생겨난다. 예를 들어, 같은 지역 출신이라는 사실을 알게 된 순간, 상대가 친근하게 느껴지는 경험이 있지 않은가? 이는 '동료의식'이 생겼다는 증거다. 비즈니스에서도 이 심리를 활용하면 신뢰 관계 구축이 훨씬 수월해진다. 처음 만난 상대라면 명함 교환이나 가벼운 대화에서 공통 관심사를 찾아 보자. "저도 그 영화 좋아해요.", "저도 예전에 그 운동 했었습니다." 같은 짧은 한마디가 마음의 거리를 좁히는 계기가 된다.

공통점은 하나만 있어도 충분히 가까워질 수 있지만, 여러 개라면 친근감은 더 깊어진다. 특히 가치관이나 신념이 통할 때는 '이 사람은 나를 이해해 줄 거야'라고 느끼게 되고 안정감이 생긴다.

다만, 공통점 찾기는 어디까지나 자연스러운 소통 속에서 이루어져야 한다. 억지로 맞추거나 거짓말을 섞으면 오히려 불신을 낳을 수 있다. 진정으로 공감할 수 있는 부분을 찾아 공유할 때 비로소 신뢰가 쌓인다. 비즈니스를 원활하게 진행하고 싶다면 먼저 '공감의 씨앗'을 발견하는 것에서 시작해 보자.

**POINT** 공통점이 있으면 처음 만난 상대와도 동료의식이 싹튼다.

효과 있어요!

# 55.4%

## 02

# 매일 하는
# 인사는
# 호감도를 높인다

상대에게 신뢰 관계를 쌓고 좋은 인상을 심어주기 위해서는 특별한 말솜씨나 고도의 기술보다 일상적인 '인사'나 '가벼운 말 건네기'가 의외로 효과적이다.

그 배경에는 '단순 노출 효과Mere Exposure Effect'라는 심리 현상이 있다. 단순 노출 효과란 반복해서 접촉하는 상대나 사물에 대해 자연스럽게 친밀감이나 호감을 느끼게 되는 현상을 말한다. 이 개념은 심리학자 로버트 자이언스Robert Zajonc가 처음 주장했으며 많은 실험을 통해 그 효과가 입증되었다.

여러 번 마주치는 사람이나 반복해서 접하는 정보는 별다른 이유가 없어도 무의식중에 '익숙한 대상', '편안한 존재'로 인식된다. 매일 하는 인사나 짧은 대화는 한 번 크게 웃고 떠드는 대화보다 오히려 장기적인 신뢰 관계를 만드는 데 기반이 된다. 비즈니스에서는 업무상 필요한 이야기만 나누기 쉽지만, "수고 많으십니다.", "오늘은 날이 덥네요." 같은 사소한 말을 주고받기만 해도 상대에게 친근감이 생기고 마음의 거리가 좁혀진다. 단순 노출 효과에서 중요한 것은 '횟수'다. 한두 번의 접촉으로는 인상에 남기 어렵고, 매일 반복해서 쌓여야 상대의 무의식에 스며든다. 이러한 작은 접촉이 쌓이면 필요한 순간에 도움이나 조언을 얻을 수 있는 관계가 형성된다.

반면, 형식적인 인사나 의무감으로 하는 대화는 오히려 거리감을 줄 수 있다. 표정이나 목소리 톤에 마음을 담아 따뜻함이 잘 전달되도록 해야 한다. 비즈니스에서의 신뢰는 매일 반복되는 작은 행동 위에서 자란다.

**친해지기 위한 인사는 꾸준히 하는 것이 중요하다.**

POINT

효과 있어요!

# 52.3%

## 03

# 적절한
# 눈 맞춤의 효과를
# 기대하라

처음 만나는 상대와 이야기할 때 흔히 말의 내용에 의식이 집중되기 쉽지만, 사실 처음 주고받는 '시선'이 전체 인상을 좌우한다. 심리학에서는 적절한 눈 맞춤이 신뢰감과 친근감을 형성하는 데 중요한 역할을 한다고 본다. 특히 첫 만남에서 1.5초 동안 제대로 눈을 맞추는 것만으로도 상대에게 진실하고 자신감 있는 사람이라는 느낌을 줄 수 있다. 이 효과는 많은 실험을 통해 확인되었으며, 시선을 맞추는 행위에는 '마음을 열고 있다는 신호'와 '상대에게 관심을 기울이고 있다는 표현'이라는 의미가 동시에 담겨 있다.

상대와 눈을 맞추면 '당신에게 집중하고 있다', '당신을 존중한다'는 무언의 메시지가 전달된다. 예를 들어, 명함을 주고받을 때 시선을 피하지 않고 1.5초 정도 눈을 맞춘 뒤 미소를 지으면 상대는 안정감과 친근함을 느끼기 쉽다. 반대로 시선이 불안정하거나 거의 눈을 맞추지 않은 채 이야기를 시작하면 '자신감이 없는 건가?', '뭔가 숨기고 있나?'라는 인상을 줄 수 있다. 비즈니스 첫 만남에서 눈 맞춤이 너무 짧으면 신뢰감을 형성하는 데 시간이 더 걸릴 수 있다.

다만, 시선을 지나치게 오래 맞추면 오히려 위압감을 줄 수 있으니 주의해야 한다. 약 1.5초 정도가 뚫어지게 쳐다보는 느낌을 주지 않으면서도 적절한 관심과 진실함을 보여주는 가장 적절한 시간이다. 시선을 맞춘 뒤 가볍게 고개를 끄덕이거나 미소를 지으면 한층 더 친근한 인상을 줄 수 있다. 눈 맞춤은 말보다 더 직접적으로 감정에 작용하는 소통 방식이다. 의식적으로 활용하면 첫 만남의 질이 높아지고 이후의 관계도 훨씬 매끄럽게 이어진다.

**POINT** **상대방의 눈을 피한 채 이야기하면 불안감이나 불신을 줄 수 있다.**

# 50.2%

## 04

# 신뢰를
# 얻고 싶다면
# 상대의 이름을 불러라

미팅에서 상대와의 거리를 좁히고 싶을 때 가장 간단하고 효과적인 방법이 바로 상대방의 이름을 불러주는 것이다. 심리학에서는 이를 '이름 부르기 효과'라고도 하며, 사람은 자신의 이름이 불리면 자연스럽게 친근감과 신뢰감을 느끼는 것으로 알려져 있다.

우리는 일상에서 수많은 소리에 노출되어 있지만, 자신의 이름을 들으면 무의식적으로 즉각 반응을 보이게 된다. 그래서 이름을 들으면 '인정받고 있다', '소중히 여겨지고 있다'는 감각이 생겨 마음의 문이 쉽게 열린다. 예를 들어, 발표 중에 "○○

94

씨, 이 부분은 어떻게 생각하시나요?"라고 이름을 말하면 상대는 '내게 관심을 갖고 있구나'라고 느낀다. 대화 속에서 자연스럽게 이름을 반복하면 상대는 안정감을 느끼고 자신이 존중받고 있음을 실감한다. 그 결과 제안이나 요청에 대한 심리적 저항이 완화되어 좋은 관계를 쌓는 계기가 된다.

이름은 단순한 호칭 이상의 의미를 지닌다. "○○ 님 덕분입니다."처럼 감사 인사에 이름을 덧붙이기만 해도 상대에게 특별한 감정이 전달된다. 여기에 직함을 함께 부르면 제대로 대우받고 있다는 느낌이 들어 더욱 긍정적인 인상을 주고, 신뢰를 깊게 쌓는 데 중요한 요소가 된다.

이름이 불린 상대는 자신이 주목받고 있다는 의식이 강해져 대화에 더 집중하게 된다. 그 결과 이야기 내용을 한층 깊이 이해하고 소통의 질이 높아진다. 이름을 부르는 것은 단순한 매너 이상의 효과를 내며 상대의 마음을 부드럽게 열고 관계를 깊게 만드는 강력한 방법이다.

**POINT** 이름을 불러주면 상대는 '내게 관심이 있구나'라고 느낀다.

효과 있어요!

# 36.6%

## 05

# 웃는 얼굴은 긴장감을 무너뜨린다

처음 만나는 상대 앞이나 협상 자리에서는 상대의 긴장과 경계심을 풀어주는 것이 신뢰를 쌓는 데 중요한 첫걸음이다. 이때 가장 손쉽고 효과적인 방법이 바로 '미소'다. 웃는 얼굴은 말 이상의 강한 영향력을 지니며, 우리 뇌는 상대의 표정을 무의식적으로 따라 하는 시스템을 가지고 있다. 이 작용을 담당하는 것이 바로 '거울 뉴런Mirror Neuron'이라고 불리는 신경세포다.

거울 뉴런은 타인의 행동이나 감정을 관찰할 때 우리 뇌에서도 유사한 반응을 일으키는 신경세포를 말한다. 예를 들어, 상대가 미소를 지으면 그 표정을 본 우리의 뇌도 '웃는다', '안심한다'라는 반응을 모방하여 자연스레 미소를 짓고, 마음이 편안해지는 경우가 많다. 첫 만남에서 부드러운 미소로 인사를 건네면 상대의 뇌는 무의식적으로 그 표정을 따라 하여 긴장감이나 경계심이 완화된다. 그 결과 분위기가 부드러워지고 좋은 신뢰 관계를 쌓을 수 있는 기반이 마련된다.

미소는 '적대감이 없다', '당신을 환영한다'는 비언어적 메시지 기능도 한다. 협상이나 프레젠테이션처럼 긴장감이 도는 상황에서도 미소를 곁들이면 분위기가 한결 부드러워지고 상대방의 마음도 쉽게 열린다. 특히 거울 뉴런은 이름 그대로 거울처럼 반응해 당신의 미소를 상대의 감정에도 전염시키는 역할을 한다.

억지로 크게 웃을 필요는 없다. 편안함이나 친근감을 전하고 싶은 상황에서는 입꼬리를 살짝 올리는 정도로도 충분한 효과가 있다. 웃는 얼굴은 말보다 더 많은 정보를 상대에게 전달하며 신뢰와 호감을 끌어내는 강력한 소통 도구이다.

**첫 만남에서 미소를 보이면 적대감이 없다는 느낌을 쉽게 전할 수 있다.**

## 06

# 배려는
# 물리적 거리에서
# 일어난다

원만한 인간관계를 만들기 위해서는 말이나 태도뿐만 아니라 상대방의 '개인 공간Personal Space'을 존중하는 것도 필수다. 개인 공간이란 타인과의 관계에서 자신이 편안함을 느끼는 신체적 거리를 말하며, 이 거리가 무너지면 대부분 사람은 무의식적으로 불쾌감이나 경계심을 느끼게 된다.

심리학 연구에 따르면 사람은 자신의 주위에 보이지 않는 '안전 영역'을 가지고 있으며, 그 범위는 문화적 배경이나 개인의 성향에 따라 달라진다. 일반적인 상황에서는 약 60~120센티미터 정도의 거리가 적절하다고 여겨진다. 이보다 가까워지면 상대는 영역을 침범당했다고 느껴 긴장하거나 거부 반응을 보이기 쉽다.

상대방의 개인 공간을 존중하는 태도는 '당신의 감정과 생각을 존중합니다'라는 무언의 메시지가 된다. 적절한 거리를 유지하는 행위 자체가 곧 상대에 대한 존중의 표현인 셈이다. 또한, 상대의 표정이나 몸짓에서 개인 공간의 신호를 파악할 수 있다. 상대가 살짝 뒤로 물러나거나 몸을 틀어 회피하는 등의 반응은 '거리를 두고 싶다'는 메시지이므로 그럴 때는 억지로 다가가지 않는 배려가 필요하다. 개인 공간을 존중하면서 적절한 거리를 유지하면 그 자리의 분위기가 부드러워지고 원활한 소통도 가능해진다.

이처럼 신체적 거리감을 의식하고 상대의 개인 공간을 존중하는 것은 안정을 높인다. 이는 원활한 비즈니스 관계의 기본이며 신뢰 관계를 깊게 쌓는 데 중요한 요소가 된다.

첫 만남에서 반경 60센티미터 이내로 접근하는 것은 피한다.

# 32.4%

## 07

# 약점을
# 솔직하게 드러내면
# 친근함이 생긴다

비즈니스 관계에서 신뢰감과 친근감을 높이는 데는 '자기 개방Self-disclosure'이 매우 효과적이다. 특히 자신의 약점이나 서툰 점, 과거의 실패 경험 등을 적절히 이야기하면 상대는 친근하고 솔직한 사람이라는 인상을 받게 된다.

사람은 자신에게 마음을 열어준 상대에게 같이 마음을 열고 싶어지는 경향이 있다. 이러한 감정 변화의 배경에는 '자기 개방의 상호성'이라는 심리 효과가 있다. 즉, 먼저 자신의 정보를 내놓으면 상대도 솔직하게 응하기 쉬워진다. 예를 들어, 제안 자리에서 "이 분야에는 아직 경험이 부족하지만, 성실하게 최선을 다하겠습니다.”라고 말하면 상대의 마음에는 응원과 공감의 감정이 자연스레 생긴다. 완벽함을 어필하기보다 성실함이나 인간적인 면을 보여주는 편이 거리를 좁히기 쉽다.

물론 아무 이야기나 모두 꺼내도 되는 것은 아니다. 자기 개방은 어디까지나 적절한 선을 지키는 것이 중요하다. 너무 개인적이거나 부정적인 주제를 지나치게 늘어놓으면 오히려 어색함이나 불안감을 줄 수 있다. 핵심은 자신의 약점을 보여주면서도 긍정적인 의지를 함께 전하는 것이다. 상대의 반응을 살피며 조금씩 자신의 이야기를 꺼내고, 신뢰를 주고받는 과정이 쌓이면 관계는 자연스럽게 깊어진다. 자기 개방은 상호성이 있기 때문에 일방적인 전달이 아니라 상호 교류 속에서 가장 큰 힘을 발휘한다.

이처럼 자신의 약점이나 진심을 자연스럽게 드러내는 것은 대화의 질을 높이는 효과적인 방법이다. 어깨에 힘을 빼고 솔직한 한마디를 더할 때 상대와의 관계에 따뜻한 온기가 생겨난다. 바로 그 인간미가 비즈니스를 움직이는 중요한 힘이 된다.

**부정적인 이야기와 함께 긍정적인 진심도 함께 전한다.**

POINT

## 08

# 상대와 말하는 속도를 맞추며 대화하라

소통할 때는 상대를 편하게 만드는 것이 무엇보다 중요하다. 이를 위한 효과적인 방법은 앞에서도 설명한 '미러링', 즉 상대의 말투나 행동에 자연스럽게 맞추는 기법이다.

미러링은 제안이나 프레젠테이션에서뿐만 아니라 동료와 친밀감을 쌓거나 부하 직원과 대화할 때도 유용하다. 특히 같은 회사 직원이라면 밖에서 만난 상대보다 더 자세히 관찰할 수 있어 분위기에 맞추기도 한층 수월하다. 상대에게 '저 사람과 이야기할 때는 억지로 맞출 필요가 없어서 좋아', '있는 그대로 말할 수 있어서 편해'라는 인상을 줄 수 있다면 이후의 신뢰 형성도 분명 순조로울 것이다. 상대를 세심하게 관찰하며 다가간다면 공통된 화제나 관심사도 분명 쉽게 발견할 수 있다. 물론 상대에게 지나치게 맞추면 피로해질 수 있다. 부담되지 않는 범위에서 자연스럽게 배려하고 조율하는 태도는 어떤 상황에서도 신뢰 관계를 쌓는 데 도움이 된다.

반대로 과하게 맞추면 부자연스러운 느낌이 전달되어 상대의 불신을 불러올 수도 있다. 상대에게 맞추려고 지나칠 정도로 태도를 바꾸면 위험한 인물 혹은 그저 분위기를 타는 가벼운 사람으로 비칠 수도 있다. 중요한 것은 상대를 잘 관찰하면서 어디까지나 자연스럽게 맞추는 것이다. 할 수 있는 범위 내에서 적절히 상대에게 동조하는 것이 미러링의 핵심이다.

**POINT** 친밀감을 형성하려면 말하는 속도와 태도를 상대에게 맞춘다.

**효과 있어요!**

# 29.3%

## 09

# 함께 고민하면 서로에게 동료의식이 싹튼다

비즈니스 현장에서는 일방적으로 지시만 내리는 것이 아니라, 상대와 함께 문제를 마주하려는 태도가 신뢰 관계를 깊게 만드는 중요한 요소가 된다. 이를 뒷받침하는 심리적 기반이 바로 '공유와 공감의 원리'다.

문제를 공유한다는 것은 단순히 과제를 전달하는 차원을 넘어 공감의 메시지를 전해 상대에게 안도감을 주는 소통을 의미한다. 공감은 상대방의 마음에 다가가 '이해하고 있어요'라고 말 없이 전하는 행위라고 할 수 있다. 이 두 가지 요소가 맞물릴 때 자연스럽게 '우리는 같은 편'이라는 동료의식이 생겨난다. 예를 들어, 프로젝트가 난항을 겪을 때 "저도 이 과제가 큰 고민입니다. 함께 해결책을 찾아봐요."라고 한마디만 더해도 상대가 느끼는 고립감은 크게 줄어든다. 반대로 문제를 일방적으로 떠넘기면 압박감이나 반발심을 키울 수 있다. 이러한 상황에서는 협력하려는 태도 자체가 팀 전체의 신뢰를 단단하게 만드는 힘이 된다. 이러한 접근은 상사와 부하 직원뿐만 아니라 거래처나 팀 동료 등 모든 비즈니스 관계에 유효하다. 특히 어려운 상황일수록 상대를 지지하는 말과 행동이 장기적인 신뢰의 기반을 만든다.

문제의 공유와 공감은 말뿐만 아니라 표정이나 목소리 톤에서도 드러난다. 진지한 눈빛으로 상대의 이야기를 듣고 고개를 끄덕이며 마음을 받아들이는 작은 행동이 더 깊은 동료의식을 만드는 계기가 된다.

이러한 태도를 평소에 꾸준히 유지하면 '함께 어려움을 극복하는 동료'라는 긍정적인 감각이 상대의 마음에 남는다. 고민과 과제를 함께 생각하는 태도야말로 비즈니스를 이끌어가는 데 가장 중요한 신뢰를 키우는 핵심이다.

**POINT** 상대의 말을 진지하게 들으려는 자세는 문제 공유의 첫걸음이다.

효과 있어요!

# 28.9%

## 10

# 부정적인
# 인상은
# 다시 바꿀 수 있다

비즈니스에서는 단 한 번의 부정적인 인상마저 얼마나 치명적인지를 아는가? 하지만 이러한 상황이 생긴다고 해도 이를 반전의 기회로 삼아 예상 밖의 행동을 보여주면 상대가 갖고 있던 나쁜 인상이 오히려 긍정적인 인상으로 바뀌기도 한다. 이때 작용하는 심리적 메커니즘이 바로 '갭 효과Gap Effect'다.

갭 효과란 상대가 예상한 행동과 실제 모습 사이에 의외의 차이가 생겼을 때, 그 차이가 마음에 강하게 각인되어 호감이나 관심으로 이어지는 현상을 말한다. 예를 들어, 첫인상은 무뚝뚝하게 느껴졌던 사람이 나중에 다정한 태도를 보이면 그 변화가 더 크게 와닿아 오히려 좋은 감정을 갖게 되는 경우가 많다. 과거에 좋지 않은 인상을 남겼다면 그 모습에 갇혀 있지 말고 행동으로 달라진 부분을 보여주는 것이 중요하다. 구체적으로는 적극적인 협조, 정중한 소통, 감사의 표현처럼 작은 변화라도 일상에서 꾸준히 드러내는 것이 효과적이다. 이러한 예상 밖의 행동이 상대의 기억에 강하게 남으면, 기존의 부정적인 인상이 자연스럽게 긍정적인 인상으로 바뀐다.

갭 효과를 활용할 때는 억지로 연기를 하기보다, 나다움을 유지하면서 상대에 대한 배려나 개선 의지를 진심으로 보여주는 것이 중요하다. 예전에는 늘 무표정이던 동료가 최근 들어 밝게 인사를 건넨다면 그 변화만으로도 매우 인상 깊게 다가온다. '생각보다 밝은 사람이네', '의외로 친근하다'라는 인식으로 이어지며 관계 회복과 신뢰 구축의 기반이 마련된다.

이러한 차이를 현명하게 활용하면 상대의 마음을 움직일 기회가 생긴다. 부정적인 인상을 바꾸고 싶을수록 변화된 모습을 과감하게 드러내 보자.

**진심 어린 변화를 보여주면 상대는 쉽게 호감을 느낀다.**

# 26.6%

**11**

# 상대에 대한 존중은 경청에서 전해진다

비즈니스 소통에서 상대의 말을 끝까지 집중해서 듣는 태도
는 단순한 매너를 넘어 중요한 의미를 지닌다. 이를 실천하는
대표적인 방법이 바로 '적극적 경청Active Listening'이다.

적극적 경청이란 상대의 이야기에 온전히 의식을 집중하고
이해와 공감을 표현하면서 대화의 깊이를 더하는 소통 기술이
다. '말을 끊지 않고 듣기', '요점 확인하기', '감정 받아들이기'와
같은 행동을 통해 상대는 존중받고 있다는 신뢰감을 느끼게 된
다. 반대로 일방적으로 자신의 의견을 앞세워 말을 중간에 끊으
면 상대는 내 이야기를 들을 의지가 없다고 느끼기 쉽다. 고개

를 끄덕이거나 맞장구를 치면서 이야기를 끝까지 들어주는 것만으로도 당신의 생각을 존중한다는 메시지를 자연스럽게 전달할 수 있고, 이러한 태도는 신뢰를 키우는 기반이 된다.

적극적 경청은 단순히 이야기를 듣는 데서 그치지 않고 상대의 말에 담긴 의미를 확장해 깊이 이해하는 것이 중요하다. 예를 들어, "그건 어떤 과정을 거쳐 그렇게 되었나요?"라는 질문을 덧붙이기만 해도 상대방은 안심하고 더 솔직하게 이야기하려는 마음이 생긴다. 이러한 소통 방식은 대화의 질을 크게 높인다. 또한, 이야기를 듣는 과정에서 상대의 의도나 감정을 확인하며 인식의 차이를 바로잡는 것도 필요하다. 이는 오해를 방지하고 신뢰도 높은 소통을 가능하게 하는 적극적 경청의 큰 장점이라 할 수 있다.

상대의 말을 끝까지 경청하는 태도는 신뢰 관계를 쌓는 기본이다. 우선 눈앞의 상대가 하는 말에 온전히 마음을 기울이는 것부터 시작해 보자.

**POINT** 상대의 말을 듣고 있다는 태도를 행동으로 보여주는 것이 중요하다.

# 24.2%

## 12

# 성의 있게
# 거절하는 법은
# 따로 있다

업무를 하다 보면 상대의 요청이나 제안을 거절해야 할 때도 있다. 이때 단순히 "안 됩니다."라고만 하면 상대의 마음을 상하게 하거나 관계가 어색해질 수도 있다. 이럴 때 도움이 되는 것이 '성의 있게 거절하는 방법'이다. 심리학적 관점에서도 상대의 감정을 존중하면서 자신의 의사를 분명히 전달하는 방식이 효과적인 거절 기술로 알려져 있다.

성의 있는 거절의 기본은 먼저 상대의 상황과 마음을 이해하고 있음을 보여주는 것이다. 예를 들어, "먼저 제안해 주셔서 감사합니다. 다만, 지금 상황에서 그 일을 맡기는 어렵습니다.

죄송합니다.”라고 말하면 단순한 거절이 아닌 공감이 느껴지는 표현이 된다. 이런 말이 상대의 마음에 닿으면 단순히 거절당한 게 아니라는 안도감을 주고 신뢰 관계도 유지할 수 있다. 이유를 솔직하고 간결하게 설명하는 것도 중요하다. 애매한 표현이나 변명은 오히려 상대의 불신을 낳을 수 있다. “현재 다른 프로젝트로 일정이 가득 차서 새로운 업무를 맡기 어려운 상황입니다.”라고 구체적으로 이유를 설명하면 상대도 이해하기 쉽다. 여기에 대안을 덧붙여 제시하면 거절했을 때의 인상은 훨씬 부드러워진다. “저는 어렵지만 ○○ 님이라면 도움을 드릴 수 있을 것 같습니다.”처럼 가능한 선택지를 제안하면 상대에게 긍정적인 인상을 줄 수 있다. 거절할 때는 ‘먼저 긍정적인 말 덧붙이기’, ‘목소리의 톤을 부드럽게 유지하기’, ‘적절한 타이밍 선택하기’와 같은 비언어적 세심함도 큰 도움이 된다.

이처럼 공감과 솔직함에 대체 방안이나 섬세한 태도를 결합한 성의 있는 거절 방식은 비즈니스에서 신뢰를 지키는 데 큰 힘이 된다. 상대를 배려하는 마음을 잊지 않으면서 자신의 의사를 분명히 전달하는 연습을 꾸준히 해 보자.

**POINT**  거절하는 이유를 솔직하게 말하는 편이 낫다.

# 13

# 다른 사람을
# 돕기 위해서는
# 자신감이 필요하다

인간관계에서 다른 사람을 도우려는 마음은 매우 가치 있는 일이다. 하지만 이를 위해서는 먼저 나 자신의 '안정'이 전제되어야 한다. 이는 심리학에서 말하는 '자기효능감Self-efficacy' 이론에 기반한다.

자기효능감이란 '나는 목표를 달성할 수 있다'는 믿음, 즉 자신감이나 자신의 능력에 대한 신뢰를 의미한다. 자기효능감이 높은 사람은 어려움에 직면해도 침착하게 대응하며 주변 사람을 도울 여유와 힘을 가지고 있다. 반면 몸과 마음이 불안정한 상태에서는 상대를 격려하거나 조언할 여유조차 없다. 결국, 나 자신이 안정되어 있어야 비로소 타인을 도울 수 있는 기반이 마련되는 것이다. 예를 들어, 스트레스가 과도하게 쌓여 몸과 마음이 지친 상태에서는 누군가를 돕고 싶어도 마음처럼 잘되지 않는 경우가 많다. 반대로 신체적·정신적으로 안정되어 있을 때는 확실한 판단이나 긍정적인 말이 자연스럽게 나온다. 자기효능감이 높은 사람일수록 문제 해결 능력이 높아지고 주변 사람들에게 신뢰받는 존재로 성장한다.

자기효능감을 키우기 위해서는 작은 성공 경험을 쌓는 것이 핵심이다. 목표를 세분화해서 하나씩 달성할 때마다 해냈다는 자신감이 조금씩 쌓이게 된다. 충분한 휴식, 건강 관리, 감정 조절 같은 기본적인 자기 돌봄 또한 필수다. 이러한 준비가 되어 있어야 비로소 다른 사람을 도울 여유도 생긴다.

이처럼 타인을 돕기 위해서는 먼저 자기 자신을 돌봐야 한다. 몸과 마음이 안정되고 자신감을 가질 수 있는 상태라면 주변 사람들에게 든든한 버팀목이 될 수 있다. 결과적으로 자신을 소중히 여기는 것이 타인을 돕는 가장 빠른 길이다.

**내가 정신적으로 안정되고 여유가 있을 때 해결책도 더 잘 떠오른다.**

효과 있어요!

# 21%

# 14

# 협력은
# 상대와의 유대감을
# 만든다

인간관계를 원활하게 만들고 신뢰를 깊게 쌓기 위해서는 공통의 목표를 향해 함께 행동하는 것이 매우 효과적이다. 특히 함께 하는 작업은 상대와의 유대감을 형성하는 데 효과적인 방법으로 알려져 있다. 심리학에서는 이를 '공동행위의 효과'라고 부른다. 또는 집단응집력 효과, 사회적 촉진과 비슷한 개념이다.

공동행위의 효과란 두 사람 이상이 협력해 일을 수행하는 과정에서 서로에 대한 신뢰와 친밀감이 자연스럽게 높아지는 현상을 의미한다. 비록 아주 간단한 작업이라도 손발을 맞춰 일하면 심리적 유대가 강화되고 일체감이 생겨난다. 예를 들어,

회의 전 자료를 함께 준비하거나 마무리 정리를 함께 하는 것만으로도 각자 일할 때보다 소통이 훨씬 활발해진다.

이러한 경험이 쌓이면 '함께 일하는 안정감', '서로 돕는 관계의 기반'이 형성된다. 또한, 공동 작업 과정에서 상대의 가치관이나 업무 방식이 드러나기 때문에 이해와 존중의 폭도 넓어진다. 상대방의 노력과 기여를 가까이서 보게 되면 감사와 공감이 자연스럽게 생겨나고 이런 경험은 좋은 관계를 유지하는 튼튼한 토대가 된다. 또한, 공동행위는 문제 해결이나 새로운 아이디어 창출에도 긍정적인 영향을 미친다.

유대감이 강화되면 서로가 솔직하게 의견을 나누기 쉬워지고 업무 방식에도 긍정적인 변화가 생긴다. 일상에서 작은 공동 작업을 의도적으로 도입하는 것만으로도 공동행위의 효과를 높이고 신뢰 관계를 견고하게 만드는 데 큰 도움이 된다. 이렇게 함께 일하는 경험은 비즈니스 현장에서 안정적인 협력 체계를 만들고 높은 성과를 끌어내는 중요한 밑바탕이 된다.

**협업은 상대의 가치관을 이해할 수 있는 좋은 기회다.**

POINT

효과 있어요!
# 20.6%

## 15

# 일관된
# 태도와 주장은
# 안정감을 준다

말의 내용과 태도에 일관성을 유지하는 것은 상대에게 안정감을 주는 중요한 요소다. 이러한 심리적 작용을 '일관성의 법칙'이라고 부르는데 사람은 상대방의 언행이 모순 없이 안정적일수록 더 큰 신뢰를 느끼는 경향이 있다.

일관성이란 말과 행동, 태도가 시간이 지나도 흐트러지지 않고 일관되게 유지되는 상태를 의미한다. 회의나 협상 때마다 주장이 바뀌는 사람은 신뢰하기 어렵다는 인상을 주게 된다. 반대로 같은 가치관과 의견을 반복하며 일관된 태도를 유지하는 사람은 설령 의견이 다르더라도 '이 사람은 믿을 만하다'고

여겨지기 쉽다. 이러한 안정감은 사람이 지닌 '인지적 일관성 Cognitive Consistency 욕구'와 깊은 관련이 있다.

사람은 모순이나 불일치를 마주하면 심리적 불편함을 느끼고 이를 회피하고 싶어 한다. 따라서 상대의 말과 행동이 일관되면 그 불편함이 줄어들고 마음을 열고 이야기하게 된다. 예를 들어, 상사가 항상 공정한 판단을 내리고 말과 행동이 일치한다면 부하 직원은 안심하고 업무에 집중할 수 있다. 반면 언행이 수시로 달라지는 상사라면 팀원은 불안과 혼란을 느끼고 사기가 떨어질 수밖에 없다.

일관성의 심리는 설득력에도 크게 영향을 미친다. 처음부터 끝까지 주장과 행동이 일관된 사람은 '논리가 탄탄하다'는 평가를 받으며 제안이 받아들여질 가능성이 커진다. 그렇기에 프레젠테이션이나 영업 미팅 자리에서는 언행일치를 의식하고 말과 행동의 일관성을 무엇보다 중요한 소통 전략으로 삼아야 한다. 평소 자신의 언행을 되돌아보고 흔들리지 않는 일관된 태도를 유지하려는 노력을 기울여 보자.

**신뢰를 얻고 싶다면 말과 행동에 일관성이 있어야 한다.**

**효과 있어요!**

# 16.3%

## 16

# 상대의 정보를 기억하고 활용하자

상대의 이름이나 특징, 대화 내용을 정확하게 기억하는 것은 신뢰를 쌓는 데 매우 중요하다. 하지만 사람이라면 한 번 들은 정보는 쉽게 잊어버리기 때문에 몇 번 만나지 않은 상대의 정보를 제대로 기억하기 위해서는 의식적인 기억 강화가 필요하다. 이때 유용한 것이 심리학에서 말하는 '리허설 효과Rehearsal Effect'다.

리허설 효과란 기억하고 싶은 정보를 반복해 복습하거나 기록하는 과정에서 기억이 강화되어 더 오래 유지되는 현상을 말한다. 예를 들어, 새로운 거래처 담당자의 이름이나 취향 등을 미리 메모해 두고 여러 번 확인하면 자연스레 각인된다. 이후 대화에서 상대방의 취미나 화제를 다시 언급하면 '내 이야기를 기억하고 있네'라는 긍정적인 인상을 줄 수 있다. 반대로 한 번 들은 정보에만 의존하면 누락이나 착각이 생기기 쉽다. 이런 일이 반복되면 상대는 '관심이 없나?'라는 아쉬움을 느끼게 된다.

리허설 효과를 잘 활용하려면 상대방의 이름이나 정보를 직접 적어 두는 것이 가장 좋다. 노트에 기록하면 머릿속의 정보가 정리되고 서로 연관성을 만들어 주기 때문에 이해도 깊어진다. 또한, 메모한 내용을 주기적으로 다시 확인하는 것은 단기 기억에서 장기 기억으로 정보를 옮기는 데 필수적인 단계이다. 이러한 루틴이 쌓이면 다음 회의나 미팅에서 필요한 정보를 자연스럽게 떠올릴 수 있다.

상대에 관한 정보를 반복해서 기록하는 습관은 리허설 효과를 활용한 가장 강력한 기억력 강화 방법이다. 정보를 의식적으로 기록하고 정기적으로 다시 보는 루틴을 만들어 보자.

**POINT** 상대의 이름을 메모하는 것만으로도 기억은 훨씬 오래 유지된다.

**효과 있어요!**

# 15.9%

# 17

# 비밀을
# 지킬 줄 아는
# 사람이 얻는 것

신뢰는 인간관계에서 가장 중요한 요소다. 그 신뢰 관계를 깊게 만드는 효과적인 방법이 바로 '비밀 공유'다.

비밀 공유란 평소에는 말하지 않는 특별한 내용이나 개인적인 정보를 상대와 나누는 행동을 말한다. 이러한 행동은 자연스럽게 친밀감을 쌓고 신뢰 관계를 형성하는 데 도움이 된다. 예를 들어, 업무상의 고민이나 당면한 어려운 과제에 대해 솔직하게 털어놓으면 상대는 '나는 신뢰받고 있는 특별한 존재구나'라고 느끼게 된다. 그 결과 상대방 또한 자신의 비밀을 편하게 털어놓을 수 있고 두 사람의 신뢰 관계가 한층 깊어진다. 비밀 공유가 신뢰 형성에 효과적인 이유 중 하나는 '심리적 안전감 Psychological Safety'때문이다. 서로가 안심하고 비밀을 말할 수 있는 환경이 마련되면 마음을 열기 쉬워지고 진솔한 소통이 가능해진다. 이러한 심리적 안전감이 높아질수록 팀워크나 협력 관계가 견고해진다.

하지만 비밀을 다루는 데는 각별한 주의가 필요하다. 비밀이 새어 나가거나 사생활이 침해되면 쌓아온 신뢰는 한순간에 무너질 수 있다. 특히 입이 가볍다는 인상은 경솔하다는 이미지로 이어질 수 있으니 주의하자. 비밀을 지키려는 진정성 있는 태도야말로 비밀 공유를 통해 쌓이는 신뢰의 핵심이다. 또한, 타인의 비밀을 지나치게 캐내려는 태도 역시 신뢰 관계를 해칠 수 있다.

신뢰받는 사람이 되기 위해서는 상대와 비밀을 공유하며 친밀감과 심리적 안전감을 키워나가는 과정이 중요하다. 비밀을 존중하고 신중하게 다루는 태도가 쌓일 때 비로소 견고한 신뢰의 유대가 형성되고, 이는 비즈니스는 물론 일상에서의 인간관계를 더 깊고 풍요롭게 만들어 준다.

**서로 비밀을 나누고 지켜줄 때 친밀감과 유대감은 한층 깊어진다.**

# 15%

# 18

# 고정관념은 되어가던 일도 망친다

나도 모르게 상대를 선입견이나 편견으로 바라볼 때가 있다. 이러한 '부정적인 낙인찍기'는 대화를 가로막고 관계를 악화시키는 큰 요인이다. 특히 자주 보고 함께 일하는 동료라면 이러한 단정을 되도록 빨리 버리는 편이 낫다.

'저 사람은 항상 저래', '이 사람은 말이 안 통해'와 같이 상대의 한쪽 면만 보고 결론 내리는 사고방식은 상대의 말을 왜곡해서 받아들이기 쉽다. 그 결과 상대 역시 방어적인 태도를 보이게 되고 신뢰 관계를 만들기 어려워진다. 이때 상대를 고정관념으로 판단하지 않고 그 사람의 말과 당시 상황을 있는 그대로 받아들이려는 태도가 필요하다. 단정하지 않고 '왜 그렇게 느끼는지', '진짜 의도는 무엇인지'를 세심하게 묻고 들으면 오해와 편견은 자연스럽게 사라진다. 평가하기 전에 먼저 관찰하고, 들으려고 노력하자.

예를 들어, 회의에서 평소 긍정적인 의견을 잘 내지 않던 동료가 반대 의견을 냈을 때 '또 부정적인 소리 하네'라고 단정 짓기보다, '뭔가 중요한 점을 발견했을지도 몰라'라고 생각하는 건 어떨까? 그리고 부정적인 의견에 공통으로 깔린 문제의식을 함께 고민하며 의견을 나눠 보면 팀이나 조직이 안고 있던 과제가 해결되기도 한다. 배경에 있는 생각을 끌어내면 논의의 시야가 넓어지고 조직의 성장으로도 이어진다. 설령 의견이 대립하더라도 상대를 틀 안에 가두지 않고 대화의 가능성을 계속 열어두는 태도는 관계를 더 건강하게 만드는 첫걸음이 될 것이다.

**POINT** 상대가 누구든 진심에서 나온 말과 행동은 그 의도를 존중해야 한다.

효과 있어요!

# 13.7%

19

# 칭찬과 지적,
# 효과 있는 인간관계를
# 위해서는?

조언이나 피드백은 상대가 성장할 수 있도록 개선점을 균형 있게 전달하는 것이 중요하다. 이때 직접적으로 단점만 지적하면 상대방이 방어적으로 반응하거나 의욕을 잃기 쉽다. 이럴 때 활용할 수 있는 심리적 기법이 바로 '샌드위치 피드백Sandwich Feedback'이다.

샌드위치 피드백은 상대의 장점이나 노력을 먼저 인정하고 칭찬한 뒤, 개선이 필요한 부분을 전달하고 마지막을 다시 긍정적인 말로 마무리하는 방식을 말한다. '칭찬→개선점→칭찬'의 흐름은 지적받은 내용을 상대가 거부감 없이 받아들일 수 있도록 하고, 긍정적으로 개선하려는 의욕을 끌어내는 효과가 있다. 예컨대, 부하 직원의 보고서를 피드백할 때 "○○ 씨 보고서는 이해하기 쉬워서 도움이 많이 돼요. 다만 제출 기한을 지켜주시면 팀 전체 일정이 더 원활해질 것 같아요. 앞으로도 지금처럼 보고서를 잘 정리해 주면 큰 도움이 될 거예요, 기대할게요."라고 전하면, 상대는 개선점을 한층 자연스럽게 받아들이게 된다.

이 방법은 심리적인 방어 반응을 줄이고 소통 과정에서 생길 수 있는 마찰을 최소화한다. 또한, 상대방이 자신의 장점을 다시 인식하게 되어 자기긍정감이 높아지고 지적받은 부분을 적극적으로 개선하려는 동기부여도 된다.

샌드위치 피드백은 '상대를 존중하고 장점을 인정한다'는 태도를 전제로 한다. 그 태도가 진심으로 전달될 때 효과는 더 커진다. 조언이나 피드백을 전해야 할 상황이라면 먼저 칭찬할 점을 찾고 샌드위치 피드백을 적절히 활용해 보자. 상대는 더 열린 마음으로 받아들이고 의욕도 높아질 것이다. 적절한 피드백은 비즈니스 현장에서 성장을 촉진하고 원만한 인간관계를 형성하는 데 꼭 필요한 기술이다.

**POINT** 지적이 필요한 순간일수록 상대의 자기긍정감을 존중하는 태도가 중요하다.

# 20

# 칭찬은
# 하면 할수록
# 좋다

상대의 동기부여를 높이고 원만한 관계를 만들기 위해서는 적절한 감사를 표현하는 것이 필요하다. 특히 감사를 공개적으로 전하면 상대의 자기긍정감은 크게 높아진다. 이는 심리학에서 말하는 '인정 욕구Need for Recognition'가 충족될 때 나타나는 긍정적인 심리 효과 때문이다.

인정 욕구란 사람이 타인에게 인정받고 평가받을 때 자신의 가치와 존재 의의를 실감하며 자기긍정감과 동기부여가 높아지는 현상을 말한다. 특히 공개적인 자리에서 감사나 칭찬을 받으면 그 효과는 훨씬 커진다. 주변 사람들 역시 그 평가를 목격하기 때문에 당사자는 '내가 존중받고 있다'는 기분을 느끼게 된다. 예를 들어, 회의나 팀 미팅에서 "○○ 님 덕분에 이번 프로젝트가 순조롭게 진행되었어요. 정말 감사합니다."라고 감사를 전하면 상대는 자신의 기여가 공식적으로 인정받았다고 느껴 자기긍정감이 높아진다. 그 결과 더욱 적극적으로 업무에 임하려는 의욕이 생기고, 이는 팀 전체의 성과 향상으로도 이어지게 된다. 또한, 감사 인사를 사람들 앞에서 전하는 것은 주변 구성원들에게도 긍정적인 자극이 된다. 인정과 칭찬이 공유되면 조직 전체에 건강한 문화가 형성되고 상호 신뢰와 협력의 기반이 더 단단해진다. 이는 개인의 의욕을 끌어낼 뿐 아니라 조직력을 강화하는 데 중요한 역할을 한다.

일상적으로 감사를 표현하면 신뢰가 쌓이고 장기적으로 좋은 관계를 유지할 수 있다. 사소한 일에도 감사를 잊지 않는 태도가 직장 전체의 분위기를 밝게 하고 긍정적인 순환을 만들어낸다. 구체적인 성과를 언급하며 진심을 담아 전하는 감사는 인정 욕구를 충족시키고 그 효과를 최대화하는 핵심이다.

**긍정적인 말이 오가는 환경일수록 의욕을 끌어내기 쉽다.**

**실천 가이드**

# 21

# 내가
# 닮고 싶은 점은
# 무엇인가?

주변에 '이 사람은 정말 대단해', '나도 저렇게 되고 싶어'라고 생각하는 존재가 누구에게나 한 명쯤은 있다. 사실 이렇게 존경할 만한 사람의 장점을 의식적으로 언어로 표현하는 것은 나의 성장에 매우 효과적인 심리적 접근 방식이다.

심리학에서는 타인을 관찰해 그 장점을 명확히 파악하고 배우는 것을 '모방 학습Modeling'이라고 부른다. 이는 사회학습이론으로 유명한 심리학자 앨버트 밴듀라Albert Bandura가 주장한 개념으로, 사람은 타인의 행동이나 사고방식을 보고 배우며 그와 비슷한 방식으로 행동할 수 있는 능력을 지니고 있다는 뜻이다.

128

특히 상대의 행동을 구체적인 말로 표현해 보면 '어떻게 하면 저런 행동에 가까워질 수 있을까?'라는 명확한 행동 지침을 세울 수 있다. 예를 들어, '그는 항상 침착해서 문제가 생겨도 목소리 톤이 변하지 않는다'라고 느꼈다면 단순히 존경하는 데 그치지 않고 '그는 상황에 흔들리지 않고 일정한 톤을 유지해 주변에 안정감을 준다'라고 말로 정리하는 순간 막연한 동경은 실제로 자신도 따라 할 수 있는 '행동 모델'로 바뀐다.

또한, 타인의 장점을 언어화하는 과정은 자신이 무엇을 가치 있게 여기는지를 드러내 주기도 한다. '나는 성실함에 끌린다', '판단이 빠른 사람을 존경한다' 같은 깨달음은 자기 이해의 중요한 실마리가 된다. 이는 나다운 커리어 방향을 찾는 데도 도움이 된다.

주변 사람의 장점을 말로 표현해 보자. 그렇게 하면 자신의 목표나 가치관이 선명해지고 앞으로 어떤 모습으로 성장하고 싶은지 방향성도 보이기 시작한다. 존경은 감정에서 끝나는 것이 아니라 성장을 이끄는 에너지로 바꿀 수 있는 자원이다.

**POINT** 언어화는 자신의 가치관을 재확인하는 기회가 된다.

## 22

# 다른 기억과의 연결이 중요하다

실제 비즈니스 현장에서 이름이 떠오르지 않아 난처했던 경험이 있는가? 이럴 때 도움이 되는 방법이 바로 '연상 기억법 Associative Memory Method'이다. 이는 기억심리학에서도 잘 알려진 기법으로 새로 얻은 정보를 기존 기억과 연결해 기억 정착률을 높이는 방식이다.

예를 들어, 상대의 이름이 '모리타森田'라면 '숲森 속의 논田에 사는 사람'처럼 한자의 의미를 시각적으로 떠올려 보는 방법이다. 상대의 직업이나 취미, 출신지 같은 정보와 엮어 이야기를 만드는 것도 효과적이다. 예컨대, 영업처에서 만난 '다카하시高

橋 씨가 스키를 좋아한다'는 정보를 들었다면, '높은高 다리橋 위에서 스키를 타는 사람'이라는 이미지를 만들어 기억의 실마리로 삼을 수 있다. 이러한 접근은 '사건 기억Episodic Memory'을 자극해 뇌 속의 연결고리를 강화하고 정보를 더 쉽게 떠올릴 수 있게 해 준다. 이름이라는 추상적 정보를 이미지나 이야기 같은 구체적인 형태로 바꾸면, 기억 네트워크 속에서 그 정보의 위치가 훨씬 명확해진다.

기억 효과를 높이기 위해서는 '그 자리에서 이름을 한 번 소리 내어 확인하기', '명함을 받은 뒤 특징을 간단히 메모하기' 같은 행동을 함께하는 것도 좋다. 이는 '재인Recognition(과거 정보를 다시 알아보는 과정)'과 '회상Recall'을 동시에 촉진해 기억이 더 잘 자리 잡도록 돕는다.

이름을 기억한다는 것은 단순한 기술이 아니라 상대에 대한 존중의 표현이자 신뢰 관계의 출발점이다. 꾸준히 실천하다 보면 자연스럽게 기억의 정확도가 높아질 것이다.

**머릿속의 정보나 이미지와 이름을 연관 지어 기억하자.**

POINT

# 취미도 성격도
# 다른 사람과 잘 지내려면

취미도 성격도 다른 사람과 친해지기 위해서는 공통점보다 '공감할 수 있는 점'을 찾는 것이 핵심이다. 사람은 자신을 이해해 주는 상대에게 자연스럽게 친근감을 느끼기 때문이다.

상대방의 이야기에 "그건 정말 힘드셨겠어요."라며 공감하는 것만으로도 두 사람 사이의 거리는 크게 좁혀진다. 서로의 차이를 흥미롭게 바라보는 태도도 관계에 긍정적인 영향을 준다. "그렇게 생각할 수도 있겠네요."라고 호기심을 갖고 대하면 상대 역시 마음을 열기 쉬워진다.

억지로 맞추려 하기보다 '차이가 있더라도 서로를 존중할 수 있는 관계'를 목표로 하는 것이 신뢰의 기반이 된다. 결국, 대화의 질이 관계의 질을 만드는 것이다.

# 4장

# 팀을 강하게 만드는 감각

## : 그렇다면 지금,
## 나는 어디에 속해있는가?

효과 있어요!

# 51.8%

## 01

# 성공 경험은
# 서로 공유할수록
# 좋다

팀의 성과를 높이고 강한 조직을 만들기 위해 꼭 필요한 것이 바로 성공 경험을 나누는 것이다. 팀 구성원 각자가 거둔 성과와 성공 사례를 함께 나누면 모든 구성원의 동기를 끌어올리고 학습과 연대감을 촉진하는 심리적 효과를 준다.

팀에서 성공 경험을 공유할 때 가장 좋은 점은 구성원의 자기효능감이 높아진다는 점이다. 성공 사례를 접하면 팀원들은 구체적인 성공 이미지를 그리기 쉬워지고 자신도 목표를 달성할 수 있다는 자신감이 생긴다. 이러한 현상은 '모방 학습 효과Modeling Effect'라고도 하며 성공한 사람의 행동과 사고방식을 본

보기로 삼아 자신도 비슷한 성과를 낼 수 있다는 감각을 얻게 된다. 또한, 성공 경험의 공유는 팀 전체에 긍정적인 분위기를 만든다. 좋은 성과가 인정받고 칭찬받는 환경에서는 구성원의 인정 욕구가 충족되고 자연스럽게 의욕과 협력 의식이 높아진다. 그 결과 서로에 대한 신뢰가 깊어지고 팀워크도 강화된다. 또한, 성공 사례를 공유하는 과정은 선·후배의 성공 노하우를 함께 배우는 기회가 된다. 성공 경험을 공유할 때는 단순히 성과를 나열하는 데 그치지 않고 이를 위해 적절한 자리와 구조를 마련하는 것이 중요하다. 이러한 축적의 과정이 자기효능감을 높이고 팀의 조직력도 강화하며 지식 공유를 촉진해 팀을 더 강하고 성과를 내는 조직으로 이끈다.

**성공을 공유하면 자신의 성공을 더 쉽게 그려볼 수 있다.**

POINT

# 44.2%

## 02

# 감사와 칭찬은
# 성과 직후가
# 가장 효과적이다

팀이나 직장에서 동기부여를 높이고 성과를 극대화하려면 감사와 평가를 적절하게 전하는 것이 매우 중요하다. 심리학에서는 이를 설명하는 개념으로 '피그말리온 효과Pygmalion Effect'를 제시한다. 이는 적절한 피드백이 상대의 능력과 태도에 긍정적인 영향을 미친다는 사실을 밝힌다.

피그말리온 효과란 타인에게 기대를 받으면 그 기대에 부응하려는 마음이 작동해 행동과 성과가 향상되는 현상을 말한다. 감사와 칭찬을 즉시 전하면 상대방은 자신이 인정받고 있다고 느끼며 더 노력하려는 의욕이 생긴다. 반대로 칭찬이 늦거나 잘

드러나지 않으면 기대감이 약해져 동기부여와 성과가 떨어지기 쉽다. 부하 직원이 좋은 결과를 냈을 때 "잘했어요.", "고마워요."라고 바로 말해주는 것만으로도 그는 다음에도 똑같이 열심히 하려는 의욕을 보이게 된다.

이 효과는 특히 신입이나 성장 과정에 있는 팀원에게 더 강하게 작용한다. 이들에게 처음에 기대와 칭찬을 전하면 자신의 가능성을 믿는 힘이 세지고, 지속해서 도전하려는 자세가 생긴다. 그 결과 팀 전체의 사기와 생산성도 자연스럽게 높아진다. 또한, 감사와 칭찬을 즉시 전하는 일은 팀 내 신뢰와 소통을 활성화하는 데도 기여한다. 시기적절하고 구체적인 피드백은 긍정적인 분위기를 만든다. 이 분위기는 선순환을 만들고 다음 성과로 이어지는 흐름을 형성한다.

감사와 칭찬을 가능한 빠르게 전하려는 마음가짐만으로도 피그말리온 효과를 충분히 끌어낼 수 있다. 적절한 시기의 피드백이야말로 개인의 성장을 뒷받침하고 팀 전체의 역량을 끌어올리는 강력한 힘이 된다.

**POINT** | **성취감으로 가득할 때 칭찬하면 자신감으로 이어진다.**

**효과 있어요!**

# 45.2%

## 03

# 털어놓고 말할 수 있는 공간은 안정감을 높인다

팀의 성과를 극대화하고 구성원 간의 신뢰를 구축하려면 무엇보다 '심리적 안전감Psychological Safety'을 확보해야 한다. 심리적 안전감은 하버드대 교수 에이미 에드먼슨Amy Edmondson이 주장한 개념으로, 구성원이 '이 자리에서 내 의견이나 고민을 솔직하게 말해도 받아들여지지 않거나 공격받지 않을 것이다'라고 느낄 수 있는 상태를 의미한다. 사람들은 안심하고 속마음을 털어놓을 수 있는 환경이 마련되어야 비로소 자유롭게 의견을 나누고 상담할 수 있으며 팀은 깊은 유대감을 얻게 된다.

특히 비즈니스에서는 고민이나 문제를 안고 있어도 '바빠 보여서 말하기 어렵다', '평가가 나빠질지도 모른다'는 이유로 목소리를 내지 못하는 경우가 많다. 이러한 상황을 예방하려면 '상담할 수 있는 공간을 의도적으로 마련하는 것'이 중요하다. 예를 들어, 휴게 공간에 편하게 대화할 수 있는 코너를 만들거나, 메신저나 메일로 고민을 공유할 수 있는 시스템 만드는 등 상담의 문턱을 낮추는 환경을 조성해야 한다. 물론 상담을 들어주는 사람의 태도도 중요하다. 이야기를 중간에 끊지 않고 끝까지 경청하기, 상대방의 의견을 부정하기보다 먼저 받아들이기, 해결책을 서두르기보다 공감하기, 이 세 가지 태도가 심리적 안전감을 키우는 핵심이다. 이러한 대응이 쌓일수록 속마음을 털어놓을 수 있다는 마음이 자리 잡는다.

심리적 안전감이 높은 팀은 도전과 배움을 두려워하지 않고 혁신을 위해 전진한다. 또한, 팀 내에서 실수나 어려움을 솔직하게 공유할 수 있어 문제를 조기에 발견하고 빠르게 해결할 수 있다. 서로의 속마음을 진심으로 들어줄 수 있는 상담 시스템과 분위기가 정착되면 팀은 누구나 안심하고 도움을 요청할 수 있는 조직으로 성장할 것이다.

**POINT** **솔직하게 이야기 할 수 있는 환경을 만들자.**

## 04

# 행동으로 보여주면 팀의 의욕이 높아진다

리더에게 팀원의 신뢰를 얻는 일은 중요한 과제다. 이 신뢰를 쌓는 데 유용한 개념이 '신뢰의 누적 효과'이다. 이는 한 번의 큰 행동보다 평소에 꾸준히 쌓인 작은 축적이 신뢰를 더욱 견고하게 만든다는 심리적 효과를 의미한다.

예를 들어, 팀원이 아이디어를 냈을 때 그냥 흘려듣지 않고 작더라도 실제 행동을 취하는 것이 좋다. 비록 당장 큰 변화를 만들 수 없더라도 그 제안을 회의에서 정식으로 다루는 등 의견을 행동으로 보여줬다는 경험을 주는 것이 중요하다. 이는 부하직원에게 '내 의견이 존중받고 있다'는 안도감과 신뢰를 준다.

반대로 "알겠어요.", "생각해 볼게요."라는 말만 반복하고 아무런 움직임이 없다면 신뢰가 서서히 깎여나간다. 한 번 잃은 신뢰를 되찾기는 절대 쉽지 않다. 팀원의 의견에 행동으로 답하는 습관을 의식적으로 갖는 것이 무엇보다 중요하다. 행동을 취할 때는 그 팀원에게 "이런 이유에서 채택했어요.", "실제로 실행해 보고 효과를 함께 검증해 봅시다."처럼 설명이나 피드백을 전하면 팀원의 주체성과 동기부여를 한층 높일 수 있다. 팀원은 자신의 제안이 팀에 기여하고 있다는 것을 실감할 수 있어 발언의 빈도도 자연스럽게 높아진다.

이러한 작은 축적은 팀장과 팀원의 관계를 더욱 견고하게 만들고 솔직한 의견 교환이 가능한 분위기를 조성한다. 그 결과 직원은 자신감을 가지고 행동할 수 있게 된다. 결국, 매일 작은 행동을 성실히 이어가는 태도가 신뢰받는 리더로 성장하는 큰 힘이 될 것이다.

**POINT** 행동으로 보여주면 부하 직원은 안심한다.

## 05

# 이유를 알고 일하면 책임감과 주체성이 길러진다

동료에게 업무적 도움을 요청하는 것은 흔한 일이다. 하지만 단순히 지시만 한다면 상대는 쉽게 수긍하지 못하는 경우가 많다. 이때 활용할 수 있는 것이 심리학에서 말하는 '왜냐하면 효과Because Effect'이다.

'왜냐하면 효과'란 부탁이나 요청에 이유를 덧붙이기만 해도 상대가 훨씬 더 쉽게 받아들이는 심리 현상을 말한다. 이 효과는 미국의 사회심리학자 엘렌 랭어Ellen Langer의 유명한 복사기 실험에서 입증되었다. 복사 순서를 양보해 달라고 부탁할 때 "먼저 복사할게요."라고만 말했을 때보다 "먼저 복사해도 될까요? 급해서요.”처럼 간단한 이유라도 덧붙였을 때 양해 비율이 높아졌다. 사람은 왜 이 행동이 필요한지를 이해할 때 심리적으로 더 쉽게 수용한다.

직장에서 업무를 맡길 때도 마찬가지다. 이유가 명확하면 요청의 배경과 목적이 드러나게 되고 상대는 '이 일은 꼭 필요한 작업이구나'라고 이해해 행동으로 옮기기 쉬워진다. 또한, 이유를 덧붙이는 것은 상대가 요청을 더 쉽게 받아들일 수 있을 뿐만 아니라 주도성을 끌어내는 효과도 있다. '이 작업은 중요하다', '나에게 기대하고 있다'라고 느끼면 책임감과 의욕이 생기기 때문이다. 명확하게 이유를 말해주는 상사나 동료에 대한 신뢰감 역시 강화된다.

사소한 요청이라도 이유를 덧붙이는 습관은 팀 전체의 동기 부여와 협력 의식을 높이는 첫걸음이 된다.

**POINT**    **업무의 이유를 알려주면 상대에게 책임감이 생긴다.**

**효과 있어요!**

# 29.8%

**06**

# 부하 직원의
# 자존심을
# 지켜라

직장에서 이루어지는 피드백은 서로의 성장을 돕는 중요한 행위이다. 그러나 전달 방식이 잘못되면 상대의 자존심을 상하게 할 수도, 동기부여를 떨어뜨리고 신뢰 관계를 무너뜨릴 수도 있다. 이때 가장 피해야 할 것이 바로 사람들 앞에서 질책하는 일이다. 이러한 상황을 피하는 것은 상대의 자존심 보호를 위한 중요한 배려다.

자존심은 누구에게나 있는 '자신을 가치 있는 존재라고 생각하고 싶은 마음'이다. 자존심이 상하면 사람은 자신의 가치관 전체가 흔들릴 수 있다. 공개적으로 질책받으면 단순한 업무상의 지적이라도 주변 사람들 앞에서 능력 없는 사람으로 낙인찍힌 듯한 느낌을 받기 쉽다. 이러한 경험은 강한 수치심과 굴욕감을 불러일으키고 자기긍정감을 크게 떨어뜨린다.

이런 마음은 본래 가진 능력을 발휘할 기회를 스스로 차단하고 팀 전체의 활력 저하로 이어질 수 있다. 그래서 질책이 필요한 상황이라도 듣는 사람이 없는 자리에서 전하는 게 낫다. 예를 들어, 회의 중 실수가 있었을 때 그 자리에서 바로 지적하기보다 "나중에 잠깐 이야기 좀 할까?"라고 말한 뒤 자리를 옮겨 다른 조용한 공간에서 상황을 설명하고 개선 방안을 논의하는 것이 상대의 존엄을 지키는 방법이다. 이때 꾸짖기만 하지 않고 개선에 대한 기대와 신뢰하는 마음도 함께 전하면 '꾸지람=부정당함'이라는 인식이 희미해져 피드백을 긍정적으로 받아들이게 된다.

사람들 앞에서 질책하지 않는 것은 결코 봐주기가 아니다. 상대방이 실수로부터 배우고 다시 도전할 수 있도록 성장을 위한 토대를 지켜주는 중요한 배려다. 자존심을 존중하는 소통이 있어야만 신뢰와 성장이 이어지는 선순환이 만들어진다.

**자존심을 건드리면 본래의 역량을 발휘할 수 없게 된다.**

**07**

# 점심 미팅에서는 속마음을 끌어낼 수 있다

아무리 논리적으로 업무를 추진하더라도 신뢰와 유대감이 뒷받침되지 않으면 진정한 팀워크가 만들어지기 어렵다. 이때 강력한 효과를 발휘하는 것이 바로 '함께 식사하는 것'이다. 별 것 아닌 것 같지만, 점심 미팅Luncheon Meeting은 심리학에서도 잘 알려진 효과적인 소통 수단 중 하나다.

점심 미팅은 회의나 상담을 식사 자리에서 진행하며 상대와의 거리를 좁히고 편안한 분위기 속에서 속마음을 끌어내는 방법이다. 함께 식사하는 행위는 상대를 자연스럽게 한솥밥 먹는 식구처럼 느끼게 하는 심리적 효과가 있다. 이는 아주 오래전부터 '음식을 나누는 상대는 우리 편'이라는 본능적 인식이 자리 잡고 있기 때문이다.

예를 들어, 같은 테이블에 둘러앉아 좋아하는 메뉴를 주제로 이야기를 나누고 웃으며 식사하는 것만으로도 업무 중에는 보이지 않던 상대의 인간적인 면모를 엿볼 수 있다. 이러한 시간이 쌓이면 심리적 안전감이 생기고 팀 내 대화도 활발해진다. 식사 자리에서는 긴장감이 완화되는 효과도 있다. 상사와 부하 직원 사이에 자연스럽게 수평적인 의견 교환이 이루어진다. 그 결과 직장으로 돌아와서도 편하게 의견을 말할 수 있는 분위기가 유지되기 쉽다.

점심 미팅을 성공적으로 운영하는 핵심은 어디까지나 잡담의 연장선으로 접근하는 것이다. 업무 이야기로 치우치지 말고, 사적인 관심사나 취미 이야기 등을 자연스럽게 섞어가며 상대를 알려고 노력하는 자세가 중요하다. 서로의 공통점을 발견하면 신뢰는 한층 깊어질 것이다.

**POINT** 함께 식사하며 업무를 할 때, 평소에는 보기 어려운 사적인 부분을 공유한다.

## 08

# 성공 경험을
# 이어가는 것이
# 변화의 시작이다

사람이 성장하기 위해서는 새로운 도전에 나설 용기와 그 도전을 '나도 할 수 있다'고 느끼게 해주는 성공 경험이 꼭 필요하다. 그중에서도 특히 중요한 것이 바로 '성공 경험을 이어가는 것'이다. 이는 심리학에서 말하는 '안전지대Comfort Zone의 확장'과 깊은 관련이 있다.

안전지대란 사람이 '편안하게 행동할 수 있는 범위'를 의미한다. 대부분 사람은 이 영역 밖으로 나가는 것을 불안하게 느끼고 새로운 도전을 주저한다. 하지만 작은 성공을 차근차근 쌓아가면 '이 정도는 괜찮아', '다음에도 해 보자'라는 감각이 생기고 조금씩 행동 범위가 넓어진다.

예를 들어, 부하 직원에게 프레젠테이션을 맡길 때 갑자기 큰 회의에 투입하기보다 소규모 미팅부터 경험하게 하여 성공 경험을 쌓게 하면 자신감이 싹튼다. 그 후 조금 더 큰 자리에서 다시 성공을 경험하면 부담감은 더 줄어든다. 이처럼 성공 경험의 연속이 도전에 대한 심리적 장벽을 낮추고 편안하게 행동할 수 있는 영역을 넓히는 데 중요한 역할을 한다.

핵심은 이 성공 경험을 '한 번으로 끝내지 않는 것'이다. 한 번의 성공은 '어쩌다 운이 좋아서 잘된 것 아닐까?'라는 불안감을 남기지만, 성공 경험이 이어지면 '이건 내 실력이야'라는 확신으로 바뀐다. 이러한 확신이 뿌리내리면 이전에 불안하게 느꼈던 부분도 자연스럽게 안전지대로 바뀌게 된다.

연속된 성공 경험은 안전지대를 확장하고 도전을 당연하게 받아들이는 성장 마인드를 기르는 강력한 방법이다. 팀원 개개인이 작은 성공을 차곡차곡 쌓아가며 안정감과 자신감을 키울 수 있는 환경을 만들어가자.

**POINT** 부하 직원의 성공을 우연으로 치부하지 않는 구조가 중요하다.

# 09

# 관심은
# 또 다른 안정감의
# 표현이다

직원의 동기부여를 높이고 조직 전체의 능률을 올리기 위해서는 '사람들이 나를 관심 있게 보고 있다'고 느낄 수 있는 환경을 만드는 것이 중요하다. 이때 활용할 수 있는 개념이 심리학에서 잘 알려진 '호손 효과Hawthorne Effect'다.

호손 효과란 누군가의 주목을 받고 있다고 느낄 때, 평소보다 더 노력하고 성과를 내려고 하는 심리적 현상을 말한다. 1920년대 미국의 호손 공장에서 노동 환경을 조사하던 중, 작업 환경의 개선보다 '관찰되고 있다는 사실' 자체가 생산성을 높였다는 연구 결과가 나오면서 붙여진 이름이다. 이 효과는 현대의 직장에서도 매우 유용하다. 상사가 부하 직원의 업무 태도나 작은 변화를 알아차리고 "○○에 관한 자료, 정말 잘 정리했네요.", "요즘 전화 응대가 부쩍 부드러워졌네요."와 같이 짧게라도 피드백을 건네면 부하 직원은 나를 관심 있게 지켜보고 있다는 것을 느끼며 안정감과 의욕이 높아진다. 반대로 아무리 노력해도 계속해서 아무런 반응이 없다면 '내 일은 의미가 없나?'라는 생각이 들어 의욕을 잃을 수도 있다.

또한, '무슨 문제가 생겨도 지켜봐 주는 사람이 있으니 괜찮아'라는 인식이 실패에 대한 두려움을 낮추고, 새로운 도전을 시도할 수 있는 든든한 힘이 된다. 관심을 표현하는 메시지는 호손 효과를 통해 부하 직원의 동기부여를 끌어내고 마음 편히 일할 수 있는 직장 환경을 만드는 데 매우 효과적인 접근 방식이다.

**결과분 아니라 과정의 노력에도 관심을 기울이자.**

**효과 있어요!**

# 25.1%

# 10

# 미래의 가능성을
# 떠올리면
# 긍정적인 힘이 생긴다

적절한 피드백은 회사생활에서 꼭 필요하다. 그러나 과거의 행동이나 실수만을 지적한다면 상대의 마음이 위축되고 의욕을 잃고 만다. 이때 효과적인 접근 방식이 바로 미래에 초점을 두는 '피드 포워드Feed forward'이다.

피드 포워드는 과거에 대한 평가가 아니라 앞으로 어떻게 성장해 나갈지, 어떤 잠재력이 있는지를 함께 고민하며 대화를 미래 지향적으로 이끄는 방법이다. 예를 들어, "지난달 제안은 좀 아쉬웠어요."로 대화를 끝내기보다 "다음에는 이 부분을 추가하면 훨씬 발전할 수 있을 것 같아요."처럼 구체적인 미래의 방향성을 제시하는 것이다. 이렇게 말하면 부하 직원은 실수를 지적받았다는 느낌보다 기대받고 있다는 긍정적인 감정을 갖게 된다.

사람은 '미래의 가능성'을 떠올릴 때 자기효능감이 높아지고 행동 의욕이 커진다. '나는 아직 부족하지만 노력하면 이상적인 모습에 가까워질 수 있다'는 비전을 갖게 되면 스스로 개선하려는 주체성이 길러진다. 또한, 상사가 함께 미래의 모습을 그려주면 '이 사람은 나를 믿어주는구나'라는 신뢰와 안정감도 생긴다. 이때의 핵심은 상대의 강점을 기반으로 미래상을 제시하는 것이다. 예를 들어, "○○ 씨는 자료 구성력이 뛰어나니까 앞으로는 팀 전체의 교육도 맡길 수 있을 것 같아요."라고 말하면 구체적인 장점과 기대감을 동시에 전달할 수 있다. 이어서 "그 목표를 위해 지금은 이 부분의 역량을 좀 더 키워보면 좋겠어요."라고 방향을 제시하면 성장 단계가 더욱 명확해진다. 일상 대화 속에서 부하 직원이 더 성장하고 싶다고 자연스럽게 느낄 수 있도록 미래지향적인 대화를 꾸준히 실천해 보자.

**POINT** 장래의 모습을 그려보게 해 성장으로 이어지는 긍정적 성찰을 돕는다.

**11**

# 앵무새 기법으로 작업 내용을 확인한다

직장에서 업무 지시나 내용을 확인하는 과정에서 상사와 부하 직원 사이에 '말했다' vs '못 들었다'처럼 이해가 엇갈리는 경우가 적지 않다. 이러한 인식의 차이를 줄이고 신뢰 관계를 쌓는 데 도움이 되는 방법이 바로 '적극적 경청Active Listening'이라는 소통 기법이다. 그중에서 가장 간단하면서도 효과적인 방식이 상대의 말을 앵무새처럼 반복하는 기법이다.

적극적 경청이란 상대의 말을 제대로 듣고 내용을 정확히 이해하려는 태도와 기법을 말한다. 핵심은 상대가 한 말을 '있는 그대로' 반복하거나 핵심을 살려 '약간 바꿔서' 되짚어주는 것이다. 예를 들어, 부하 직원이 "○○ 자료를 이번 주 안에 정리할 예정입니다."라고 말하면 상사는 "알겠어요. ○○ 자료를 이번 주 안에 정리한다는 말이군요."라고 확인하는 식이다. 그러면 상대는 '내 말을 정확히 들었구나'라고 안심하며 자신의 말에 더 큰 책임감을 느끼게 된다.

이러한 기법에는 세 가지 효과가 있다. 첫째, 이해의 차이를 줄이는 확인 수단이 된다. 서로의 인식을 정확하게 맞출 수 있어 실수나 누락이 줄어든다. 둘째, 신뢰감을 형성할 수 있다. 사람은 '자기 말을 제대로 받아들였다'고 느낄 때, 안정감과 만족감을 얻게 된다. 셋째, 스스로 생각을 정리하도록 돕는다. 자기 말이 그대로 되돌아오면 '아, 내가 이렇게 생각하고 있구나'라고 자각하게 되고 그만큼 더 주도적으로 행동하게 된다.

앵무새처럼 반복하는 것은 적극적 경청 기법 중에서 가장 단순하면서도 효과가 큰 방법이다. 단순히 업무 확인의 정확도를 높이는 데 그치지 않고 신뢰를 깊게 하는 소통 방식으로서 일상적인 대화에 적극적으로 적용해 보자.

**POINT**

**행동을 말로 되짚어주면 이해의 차이를 줄일 수 있다.**

**실천 가이드**

# 12

# 성과를 내는 팀의 방식을 따라 하자

일이 잘 돌아가는 팀에는 공통점이 있다. 바로 '의도된 시스템'이 존재한다는 것이다. 예를 들어, 회의를 시작하기 전에 최근에 있었던 좋은 일을 한 명씩 이야기하는 팀, 혹은 매일 사내 SNS에 각자의 업무 진행 상황을 공유하는 것 등이 그렇다.

평소의 업무 방식은 비슷해 보이지만 팀의 성과를 비교해 보면 확연한 차이가 나는 경우가 많다. 이러한 시스템은 언뜻 보기엔 별 의미 없어 보이지만 실제로는 심리적인 효과를 정교하게 활용한 행동이다. 앞의 사례에서 첫 번째 방식은 '긍정적인 감정 공유'를 통해 팀원 간의 관계를 돈독하게 만들고, 두 번째 방식은 '업무의 시각화'를 통해 자율성과 책임감을 자연스럽게 끌어낸다. 겉으로 보기엔 운 좋게 우수한 인재가 모였다거나 어쩌다 보니 좋은 팀으로 성장한 것처럼 보일 수 있지만, 그 속을 들여다보면 재현할 수 있는 방식, 즉 다른 팀도 참고할 만한 팀의 무기가 반드시 존재한다.

따라서 '성과를 내는 팀의 방식'은 적극적으로 관찰하고 배워야 한다. 따라 한다고 해서 완전히 똑같이 복사해야 한다는 의미는 아니다. 자기 팀에 맞게 조절하고 변형하면 된다.

성과가 좋은 팀의 실천 방식은 대부분 다른 조직에서도 '재현 가능한 아이디어'로 변형해 적용할 수 있다. 만약 조직 내에 '왠지 모르게 잘되는 팀'이 있다면 그 행동 뒤에 어떤 의도와 심리적 구조가 숨어 있는지 여러 각도에서 분석해 보자. 그 인사이트를 자신의 팀 운영 방식에 적용하는 것이 조직의 분위기를 바꾸는 첫걸음이 된다.

**좋은 방식은 자신의 팀에 맞게 변형해서 적용한다.**

# 13

# 작은 부탁은 서로에 대한 이해를 가져 온다

다른 사람에게 일을 부탁하는 것은 생각보다 어려운 일이다. 특히 '항상 바빠 보여서 미안하네', '내가 하는 게 더 빠르겠다'라는 생각에 모든 일을 혼자 떠안는 사람도 적지 않다. 하지만 이러한 태도는 팀에도, 본인에게도 악영향을 미친다. 사실 누군가에게 도움을 요청하거나, 일을 맡기는 것은 관계를 깊게 만드는 데 매우 효과적이다. 게다가 부하 직원의 성장을 바란다면 업무를 익히게 하는 일도 상사의 중요한 역할이다. 핵심은 처음부터 모든 일을 맡기는 것이 아니라 부담 없는 일부터 조금씩 맡기는 것이다.

예를 들어, "시간 괜찮으면 이 숫자만 한번 확인해 줄 수 있을까요?"처럼 상대가 가볍게 응할 수 있는 부탁이면 충분하다. 이러한 작은 요청을 통해 부하 직원은 자연스럽게 업무 내용을 접하게 되고 '아, 우리가 이런 일을 하는구나'라며 이해의 폭을 넓히게 된다. 상사 역시 그 과정에서 부하 직원의 일하는 방식과 사고방식에 대해 파악할 기회를 얻게 된다. 이렇게 업무를 조금씩 공유하면 서로의 업무 내용과 역할을 더 깊이 이해하게 되고 '서로의 일을 이해하는 사이'로 발전할 수 있다.

'사회적 교환 이론Social Exchange Theory'에 따르면 사람은 누군가에게 기여할 때 그 상대와 유대감을 느끼며 '신뢰에 보답하고 싶다', '다음에도 도와주고 싶다'는 마음이 생긴다고 한다.

모든 일을 혼자 완벽하게 해내려고 하지 말고 "이 부분만 좀 부탁해도 될까요?"하고 가볍게 업무를 나누자. 이런 작은 행동 하나가 팀의 분위기를 바꾸고 부하 직원과의 거리를 좁히며 서로 협력하기 편한 환경을 만드는 계기가 된다.

**업무를 공유하면 상대도 나의 일과 상황을 이해하게 된다.**

POINT

# 좋은 리더로 기억되며
# 직원을 떠나보내는 방법

직원을 떠나보내는 순간이야말로 리더의 진가가 드러난다. 심리학에는 '피크엔드 법칙Peak-End Rule'이라는 개념이 있다. 이 법칙에 따르면 사람은 마지막 순간의 인상이 가장 중요하다. 그래서 마지막 순간, 간단한 인사말로 끝내기보다 떠나는 직원이 그동안 보여준 성장과 팀에 기여한 부분을 구체적으로 언급하며 "당신이 함께해 줘서 정말 큰 힘이 되었어요."라고 진심을 담아 전하는 것이 중요하다.

좋은 리더로 기억되는 사람은 바로 이별의 순간에 진정한 감사와 미래를 향한 응원의 메시지를 건넬 줄 아는 사람이다. 떠나는 사람이 '여기서 열심히 일한 보람이 있다'고 느끼게 해주는 말 한마디는 무엇보다 큰 격려이자 그에게 줄 수 있는 최고의 선물이 된다.

# 5장

# 큰 실수를 미리 알고
# 대비하는 감각

## : 이제는, 앞을 내다볼 수 있는 것

**효과 있어요!**

# 56.4%

## 01

# 큰 실수를 막으려면 작은 신호를 방치하지 않는다

비즈니스에서 발생하는 큰 문제나 심각한 실수는 사실 작은 이상 신호가 쌓이면서 시작되는 경우가 많다. 그래서 작은 징후를 그냥 넘기지 않고 초기에 대응하는 습관이 문제의 확대를 막는 핵심이다. 이는 심리학에서 말하는 '이상 신호의 초기 대응'이라는 개념과도 맞닿아 있다.

사람들은 바쁘게 지내다 보면 '기분 탓이겠지'라고 생각하며 이상 징후를 지나치기 쉽다. 하지만 이러한 신호는 '과거 경험에서 비롯된 무의식적 경계심'이나 '논리적으로 설명할 수 없는 경계심'을 토대로 한 초기 감각인 경우가 많다. 심리학에서는 이러한 초기의 직감이 문제를 사전에 감지하는 중요한 단서로 본다. 예를 들어, 프로젝트 진행 중에 보고 빈도가 갑자기 줄었다거나 자료의 수치가 평소와 미세하게 달라지는 것 같은 작은 변화를 느꼈을 때 그 자리에서 바로 확인하는 것만으로도 큰 손실을 막을 수 있다. 이상 신호를 감지했을 때 즉시 의문을 표현하는 것이 문제의 싹을 초기에 자르는 데 도움이 된다. 이를 위해서는 평소에 사소한 걱정이라도 편하게 이야기할 수 있는 분위기를 만드는 것이 중요하다. 상사가 "조금이라도 신경 쓰이는 일이 있으면 언제든 알려주세요."라고 반복해서 말하고 작은 의문이라도 환영하는 자세를 보여주면 팀원들은 작은 이상 신호를 공유하는 일은 당연하다고 생각하게 된다. 또한, 자신도 직감을 가볍게 여기지 않는 습관을 들여야 한다. 아무리 바빠도 '이 느낌은 뭐지?'하고 잠시 멈춰 사실 확인을 게을리하지 않아야 한다.

별것 아닌 듯 보이는 변화를 놓치지 않고 확인하는 습관을 들이면 그것만으로도 일상의 업무에 훨씬 안정감이 생기고 조직 전체의 수준과 역량 역시 크게 달라진다.

**POINT** 이상 신호를 감지했을 때 누구나 편하게 말할 수 있는 환경 조성이 중요하다.

02

# 만약을 위해
# 합의 내용을 반드시
# 글로 남긴다

비즈니스 현장에서의 의사소통은 대부분 말로 이루어지는 만큼, 그 과정에서 '기억 착오'나 '인식의 차이'가 발생하는 일이 흔하다. 이 문제를 예방하는 데 가장 효과적인 방법이 바로 합의 내용을 글로 남겨두는 것이다. 이러한 방법은 심리학에서 말하는 '확증 편향Confirmation Bias'이라는 인지 편향을 이해하면 그 중요성이 더 커진다.

확증 편향이란 사람이 자신이 믿고 싶거나 예상하는 방향에 맞는 정보만을 선택적으로 받아들이고 기억하려는 심리적 경향을 말한다. 즉, '이랬을 거야'라고 굳게 믿으면 그 증거가 되는 기억만을 중요하게 여기고 자신에게 불리한 정보나 다른 사실은 무의식적으로 무시해 버리는 경우가 많다. 예를 들어, 회의에서 서로 동의했다고 생각했음에도 나중에 당사자들의 기억이 엇갈리는 일이 생긴다. 이는 확증 편향 때문에 각자가 자신에게 유리한 기억만을 중심으로 이해를 재구성했기 때문이다. 그 결과 '그런 말 한 적 없다', '그때는 다르게 말했다'와 같은 갈등이 생기고 그것은 신뢰 문제로까지 번진다.

이러한 문제를 막기 위해서는 특히 중요한 합의 사항은 반드시 글로 남겨 양측이 모두 확인할 수 있도록 하는 것이 필요하다. 이메일, 회의록, 계약서 등의 형태로 기록을 남기면 확증 편향으로 인한 오해를 객관적 사실로 바로잡을 수 있는 근거가 된다. 또한, 글로 정리하는 과정에서 서로의 인식이 명확해지고 의견 충돌이나 불일치 지점을 사전에 발견하기 쉬워진다는 장점도 있다. 말에만 의존하지 않고 기록으로 남기는 습관은 인식의 차이를 줄이고 트러블을 예방하며 팀의 퍼포먼스를 지키는 가장 확실한 방법이다.

**POINT** | 글로 남긴 합의 내용은 나중에 객관적인 사실을 확인하는 데 중요하다.

## 03

# 피로가 쌓였을 때 중요한 결정은 하지 말자

비즈니스 현장에서는 매일 수많은 결정을 내려야 한다. 하지만 판단력이 떨어진 상태에서 중요한 결정을 내리면 잘못된 선택을 할 위험이 크게 높아진다. 이러한 현상은 심리학에서 '의사결정 피로Decision Fatigue'라고 불리며 큰 실수를 막기 위해 반드시 이해해야 할 개념이다.

의사결정 피로란 짧은 시간에 많은 선택과 판단을 반복하면 뇌의 의사결정 능력이 점차 소모되어 판단력과 집중력이 저하되는 상태를 말한다. 예를 들어, 하루 종일 여러 회의와 협상을 진행하고 자잘한 문제에 대응하다 보면 저녁 무렵에는 판단이 무뎌져 '일단 이 정도면 되겠지'라고 쉽게 타협하는 결정을 내리게 된다.

이처럼 피로한 상태에서 의사결정을 내리면 위험 요소를 과소평가하거나 중요한 정보를 놓치고 충동적으로 판단하게 되어 큰 실수나 실패로 이어진다. 판사나 정치인들이 정기적으로 휴식 시간을 갖거나 중요한 결정 시간대를 맞추는 것도 바로 이런 심리적 메커니즘을 고려한 것이다.

따라서 우선 피곤함을 느낄 때는 중요한 결정은 피하는 것이 중요하다. 가능하다면 중요 안건의 판단은 오전이나 집중력이 높은 시간대에 배치하고, 피로가 가장 누적되는 시간대에는 단순 작업이나 휴식을 우선하는 것이 효과적이다. 또한, 신뢰할 수 있는 동료나 상사와 상의하여 다양한 시각을 확보하는 것이 리스크를 줄이는 데 도움이 된다.

판단력이 떨어진 상태에서는 당황하기 쉬워 작은 실수가 더 큰 실수로 이어지는 악순환이 일어나기 쉽다. 이를 예방하려면 자신의 심신 상태를 적절히 살피면서 최선의 판단을 내릴 수 있도록 하자.

**POINT** | **중요한 결정은 잠을 푹 자고 충분히 휴식한 후에 내리자.**

**효과 있어요!**

# 38.6%

# 04

# 대화 초반에 오해를 줄여주는 한마디를 건네자

가끔 말하는 사람과 듣는 사람 사이에 서로를 이해하지 못하는 상황이 발생한다. 그 원인 중 하나는 말을 주고받는 사람들이 공유해야 할 전제 조건 자체가 서로 다르다는 점에 있다. 이 문제를 효과적으로 해결하려면 대화 초반에 전제 조건을 명확히 해야 한다.

전제 조건을 확인한다는 것은 대화의 출발점으로 돌아가 공통의 기반을 마련하는 작업이다. 이 과정을 통해 이야기의 범위가 어디까지인지, 무엇을 기준으로 생각해야 하는지를 서로 이해할 수 있어 선입견이나 오해로 생기는 어긋남을 크게 줄일 수 있다. 반대로 이 확인을 소홀히 하면 상대방은 다른 전제를 바탕으로 이야기를 진행할 수도 있다. 이때 의도하지 않은 오해나 충돌이 생기기 쉽다.

예를 들어, "먼저 전제를 말씀드리자면, 이 계획은 내년도 예산 범위 내에서 진행하는 것을 목표로 합니다."라고 한 마디만 더해도 이후의 방향은 예산 범위 내 최적 방안을 찾는 이야기로 흘러갈 것이다. 이러한 명확한 틀 설정은 서로의 이해를 일치시키고 대화를 효율적으로 이끈다.

심리학적으로도 사람은 전제 조건이 공유되고 있다고 느끼면 안정감이 증가하고 대화에 적극적으로 참여하려는 의지가 높아지는 것으로 알려져 있다. 반대로 전제가 다르다고 느끼면 '이야기가 이해가 안 된다', '결론에 동의하기 어렵다'와 같은 거부 반응을 보이기 쉬우므로 전제 확인은 원활한 소통의 핵심이다.

일상적인 상황에서는 회의를 시작할 때나 제안 초반에 전제 조건을 확인하는 습관을 들이는 것이 좋다. 이러한 습관은 소통의 질을 높이고 신뢰 관계 역시 두텁게 한다.

**POINT** 대화 초반에 서로 전제를 공유하는 것이 중요하다.

05

# 문제가 생겼을 때 중요한 것은 사과보다 개선 의지다

일단 문제가 발생하면 많은 사람은 우선 사과하는 것을 중요하게 여긴다. 하지만 사과만으로는 무너진 신뢰를 회복하기에 충분하지 않다. 심리학에서 말하는 '신뢰 회복Trust Repair'의 관점에서는 문제 대응 과정에서 사과만큼 중요한 것은 개선하려는 의지를 명확히 보여주는 것이라고 한다.

신뢰 회복 이론은 한 번 무너진 신뢰 관계를 어떻게 다시 회복할 수 있는지에 초점을 둔다. 신뢰는 한번 훼손되면 쉽게 회복되지 않으며 사과만으로는 단순히 잘못을 인정했다는 수준에 그칠 수 있다. 고객이나 거래처는 사과하면 '문제를 인정한 점'은 높이 평가하겠지만 '같은 문제가 재발하지 않도록 어떤 행동이나 의지'를 보이길 원한다. 예를 들어, 제품에 결함이 있었다면 단순히 "죄송합니다."라고 말하는 것뿐만 아니라 "원인을 철저히 조사하고 재발 방지책을 마련하겠습니다."처럼 구체적인 개선 약속을 제시하는 것이 신뢰를 되찾는 핵심이다.

물론 진심 어린 사과는 상대방의 분노나 실망 같은 감정을 가라앉히는 데는 도움이 되지만, 그 후 행동에 변화가 없다면 필요 없다. 또한, 개선 의지를 보여줄 때는 최대한 현실적이고 구체적인 대책을 제시하는 것이 중요하다. 투명하게 진행 상황을 공유하고 책임감 있게 대응하는 자세를 보일 때 신뢰 회복은 더욱 확실해진다.

문제 대응은 '사과'에서 끝내지 않고 구체적인 '개선 의지'를 행동으로 입증하는 것이 신뢰 회복 이론에 근거한 가장 효과적인 방법이다. 이러한 노력이 상대의 마음에 변화를 불러오고 관계를 더욱 굳건히 다지는 기반이 된다.

**POINT** **문제가 발생했을 때는 현실적이고 구체적인 대책을 제시한다.**

**효과 있어요!**

# 28.2%

**06**

# 좋은 일을 한 뒤일수록
# 다음 행동에
# 더 주의를 기울인다

존경하던 상사가 믿기 힘든 실수를 저질렀을 때, 당신이라면 어떻게 하겠는가? 누구에게나 일어날 수 있는 일이다. 사람은 좋은 일을 하고 나면, 무의식적으로 다음 행동에서 긴장을 풀어버리는 경향이 있다. 이것이 심리학에서 말하는 '도덕적 허가Moral Licensing' 현상이다. 스스로 주의를 기울이지 않으면 그동안 애써 쌓아온 신뢰와 평가를 한순간에 무너뜨릴 수 있다.

도덕적 허가란 과거의 선행이 도덕적 저축이 되어, 무의식적으로 그 후의 행동에서 약간의 태만이나 실수가 있어도 '이 정도는 괜찮겠지'라고 느끼게 만드는 심리다. 예를 들어, 봉사

활동을 했거나 큰 성과를 낸 뒤 마음이 느슨해져 사소한 실수나 부주의가 늘어나는 경우다. 이 현상은 자기 평가를 일정 수준으로 유지하려는 마음의 메커니즘으로, 사람은 자신을 좋은 사람으로 인식하고자 하므로 선행을 통해 올라간 자기긍정감을 기준으로 삼고 그 이후의 행동에 무의식적으로 면죄부를 부여해버린다. 이는 거의 자동으로 일어나기 때문에 본인도 알아차리기 어렵다는 특징이 있다.

비즈니스에서도 '지난주 프레젠테이션이 잘 됐으니 이번 보고는 이 정도만 해도 괜찮겠지'라는 식으로 균형을 맞추려고 한다면 팀의 신뢰를 잃고 중요한 기회를 놓칠 수 있다. 좋은 행동이나 성과가 있었던 직후일수록 다음 행동에 더욱 신중함을 유지하는 자세가 필요하다.

성공을 소중히 여기되 자만하지 말자. 앞을 내다보며 '다음에 무엇을 해야 할지'를 항상 의식하고 꾸준히 높은 기준을 유지하는 것이 태만의 유혹을 끊어내는 데 가장 효과적이다.

**좋은 행동, 그 다음에 무엇을 할지 생각한다.**

POINT

효과 있어요!

# 26.6%

## 07

# 의견 충돌 시
# 무엇이 핵심 '축'인지
# 명확히 한다

더 좋은 것을 만들고, 서비스를 개선하려는 논의가 뜨거워지다 보면 의견이 충돌하는 상황도 생긴다. 이러한 갈등을 해결하는 데 핵심은 무엇이 '축'이 되고 있는지를 명확히 하는 것이다. 심리학에서는 의견 충돌이 단순히 표면적인 말의 차이에서 비롯되는 것이 아니라, 그 밑바탕에 깔린 가치관, 목적, 전제 조건 같은 '축'의 차이 때문에 발생하는 경우가 많다고 본다.

여기서 말하는 '축'이란 개인이 판단이나 의견을 형성할 때 가장 중요하게 여기는 기준이나 가치관을 의미한다. 무엇보다도 해결책을 찾으려면 먼저 대립 상황에서 서로 무엇을 축으로 삼고 있는지를 이해하는 것이 중요하다. 이는 단순히 의견만 듣는 차원을 넘어 '왜 그렇게 생각하는지', '어떤 가치관이 배경에 있는지'를 탐색하는 소통을 의미한다. 예컨대, '왜 속도가 중요한가?', '품질을 우선해야 하는 이유는 무엇인가?'와 같은 질문을 던지며 깊이 파고들면 축이 선명해지고 갈등의 본질이 드러난다.

축이 명확해지면 서로의 차이를 적대시하지 않고 다른 관점으로 받아들이기 쉬워진다. 또한, '어디까지 양보할 수 있는지', '어디는 양보할 수 없는지'를 공유하면 합의점을 찾기 훨씬 수월해진다. 때로는 서로의 가치관을 조율할 수 있는 새로운 축을 설정하는 것도 갈등 해결에 도움이 되는 효과적인 방법이다.

이처럼 갈등의 '축'을 밝혀내는 일은 감정적인 충돌을 생산적인 논의로 바꾸고 팀과 조직의 신뢰 관계를 더 깊게 만드는 강력한 도구가 된다.

**POINT**  서로 의견을 공유해야 합의점을 찾을 수 있다.

효과 있어요!

# 25%

## 08

# 감정적인 사람은 후회만 만들 뿐이다

비즈니스 현장뿐만 아니라 누구나 감정이 격해져 나중에 '그때 그렇게 말하지 말아야 했는데' 하고 후회하는 순간이 있다. 이러한 감정의 폭주를 막는 데 효과적인 방법은 심리학에서 말하는 '분노 조절Anger Management'이다. 후회를 줄이려면 평소 감정에 지나치게 휘둘리지 않는 습관을 들이는 것이 중요하다.

분노 조절이란 자신의 분노와 감정을 적절하게 조절하고 잘 표현하는 방법을 배우는 것을 말한다. 이는 단순히 화를 억누르는 것이 목적이 아니라 분노에 휩쓸리지 않고 냉정한 판단을 유지하는 것이 핵심이다. 이를 통해 감정적인 충돌이나 오해를 피하고 더 나은 소통을 실현할 수 있다.

화가 치밀어 오른 순간 잠시 멈추어 숨을 고르는 연습을 해 보자. 몇 초간 깊게 호흡하거나 그 자리를 잠깐 벗어나면 고조된 감정이 가라앉고 차분하게 상황을 돌아볼 수 있다. 또한, 평소 자신이 어떤 상황이나 말에 화가 나기 쉬운지 파악해 두는 것도 중요하다. 재촉당하면 쉽게 짜증이 난다든지, 부당한 비판에 민감하게 반응하는 등 자신의 감정 트리거를 이해하고 있으면 미리 대응하기가 훨씬 수월해진다. 분노를 구체적으로 표현하는 '자기표현Self-expression' 연습 또한 분노 조절의 한 부분이다. 예를 들어, "저는 ○○ 상황에서는 감정이 좀 격해지는 편이에요."라고 말해두면 상대와의 트러블을 막을 수 있을지도 모른다.

감정에 휘둘리지 않는 습관을 들이는 것이 곧 분노 조절을 실천하는 것이다. 분노를 적절히 조절하고, 침착하면서도 효과적으로 대응하는 능력을 갖추면 비즈니스 현장에서의 인간관계는 물론 의사결정의 질까지 크게 향상된다.

**POINT** 자신이 받아들이기 어려운 일이나 불편한 점은 미리 상대에게 말해도 괜찮다.

효과 있어요!

# 22.9%

**09**

# '그래도 여기까지 했는데'라는 마음은 합리적 선택을 막는다

'이대로 포기하기엔 너무 아깝다'라는 마음이 드는 것은 인간의 자연스러운 심리다. 하지만 비즈니스 현장에서 이 감정은 합리적인 판단을 가로막는 걸림돌이 될 수 있다. 이를 심리학에서는 '매몰 비용 효과Sunk Cost Fallacy' 또는 '콩코드 효과Concorde Effect'라고 부른다.

매몰 비용 효과란 이미 투입한 비용(시간, 돈, 노력)이 아깝다는 마음에 중단하는 편이 더 합리적인 상황에서도 계속 밀어붙여 손실을 키우게 되는 심리적 현상을 말한다. 예컨대, 수백 시간을 들여 준비한 기획이 성과를 기대하기 어렵다는 사실이 명확해졌음에도 '지금 와서 물러설 수 없다'며 강행하다가 오히려 손해를 키우는 경우가 대표적이다. 이 효과의 이름은 영국과 프랑스가 공동 개발한 초음속 여객기 '콩코드' 사례에서 유래했다. 막대한 예산을 투입했지만, 경제적 수익성이 없다고 밝혀졌을 때 '여기서 중단하면 그동안의 투자가 모두 물거품이 된다'는 이유로 개발을 지속했고, 그 결과 손실은 훨씬 커졌다.

비즈니스에서도 '여태까지 열심히 했는데', '지금까지의 노력이 헛수고가 되게 하고 싶지 않다'라는 감정 때문에 철수 결정을 늦추고 손실을 키우는 경우가 있다. 중요한 것은 '지금까지 무엇을 투자했는가'가 아니라 '앞으로 무엇을 얻을 수 있는가'라는 기준으로 판단하는 것이다.

냉정한 판단을 내리기 위해서는 '지금 그만두면 손해'라는 생각이 강해질수록 잠시 멈춰 서서 '정말 이 일을 계속할 가치가 있는가?'를 처음부터 다시 점검해야 한다. 프로젝트, 협상, 상품 개발, 심지어 인간관계까지도 '그만둘 용기'야말로 미래의 손해를 최소화하는 핵심이다.

**POINT** 냉정한 판단을 하려면 앞으로 무엇을 얻을 수 있는지를 따져봐야 한다.

효과 있어요!

# 20.6%

# 10

# 확인하고,
# 또 확인하는 습관이
# 필요하다

비즈니스 현장에서 의외로 흔히 일어나는 실수가 '다들 하니까 괜찮아', '지금까지 문제없었어'와 같은 '선입견'에서 비롯된 판단 오류다. 이런 실수의 배경에는 '사회적 증명Social Proof'이나 '관성 편향Inertia Bias' 등 심리적 요인이 작용한다. 사람은 주변 사람의 행동이나 과거 경험을 따르는 편이 안정감을 느끼기 때문에 무의식적으로 판단을 생략해 버리기 쉽다.

같은 절차를 여러 번 반복해 온 작업일수록 '이번에는 확인하지 않아도 괜찮겠지'라며 마음이 느슨해지기 쉽다. 하지만 아주 사소한 전제의 차이나 환경 변화만으로도 중대한 실수를 초

래할 수 있다. '늘 하던 대로'가 반드시 '이번에도 안전하다'를 의미하는 것이 아니라는 점을 항상 염두에 두어야 한다. 오히려 '다들 하니까', '아마 괜찮을 거야'라는 생각이 들 때일수록 잠시 멈춰 서서 체크리스트를 활용하거나 제삼자의 시각으로 재확인하는 등 한 번 더 점검하는 과정이 필요하다. 특히 익숙한 작업일수록 확인을 건너뛰기 쉽기 때문에 주의해야 한다.

이는 '정상성 편향Normalcy Bias'과도 관련이 있다. 정상성 편향이란 자신에게 불리한 정보를 과소평가하고 괜찮다고 믿어 버리는 심리 경향을 말한다. 문제가 발생하기 전에 위험 신호를 감지하고도 '지금까지 문제없었으니까'라며 무시해 버리는 사례가 대표적이다.

비즈니스 현장에서는 확인하는 습관을 체계화하는 것이 효과적이다. 루틴 작업의 마지막에 체크 타임을 넣거나 업무 시작 전에 전제 조건을 공유하는 절차를 마련하는 등 방심을 막는 시스템을 의도적으로 구축하면 인적 오류Human Error를 크게 줄일 수 있다.

**POINT** '항상 문제없었어'라는 말을 스스로 하기 시작할 때야말로 가장 주의가 필요하다.

# 11

# 공격적인 말을 들었을 때일수록 한 번 더 생각하자

비즈니스든 일상이든 대화를 나누다 보면 누구나 상대에게서 공격적인 말투나 날카로운 표현을 들을 때가 있다. 하지만 그 말을 겉으로 드러난 의미 그대로 받아들이지 말고, 그 뒤에 숨은 의도와 감정을 함께 읽어내는 것이 중요하다. 이는 심리학에서 말하는 '투사 이론Projection Theory'에 기반한 관점으로 상대의 말과 태도 속에 담긴 진짜 메시지를 이해하면 좀 더 원활한 소통과 문제해결의 실마리를 찾을 수 있다.

투사 이론이란 사람이 자기 내면의 감정이나 생각, 불안, 두려움 등을 무의식적으로 타인에게 '투사'해 표현하는 심리적 작용을 말한다. 따라서 공격적인 말투나 과도하게 강한 표현은 반드시 상대의 본심이나 의도가 아니라 불안, 스트레스, 자기방어 심리가 외부로 표출된 경우일 수 있다.

예를 들어, 회의 중에 누군가에게 거친 질책이나 분노 섞인 말을 들었다면 그것은 단순히 비난이라기보다 상대의 조급함이나 불안 혹은 자신의 의견이 제대로 받아들여지지 않는다는 답답함이 투사된 표현일 수 있다. 이처럼 겉으로 드러난 말 뒤에 숨어 있는 감정을 읽어내면 상대의 진짜 요구나 문제의 핵심을 파악하기가 훨씬 쉬워진다. 투사는 무의식적으로 일어나기 때문에 정작 본인조차 자신의 감정을 정확히 인지하지 못하는 경우도 많다. 따라서 거친 표현을 들었을 때는 '무엇이 상대를 그렇게 만들었는지' 차분히 그 배경을 떠올려 보는 것이 감정의 충돌을 피하는 데 도움이 된다.

예컨대, "그런 말씀을 듣고 조금 놀랐습니다. 혹시 걱정되시거나 어려운 점이 있으신가요?"와 같은 대화의 문을 여는 자세는 서로의 이해를 깊게 만든다.

**POINT** 말에 담긴 의도를 읽으면 상대가 진짜 원하는 것을 알 수 있다.

**효과 있어요!**

# 19.5%

## 12

# 빠르게 바로잡고 사과하는 것이 관계 회복의 핵심이다

무심코 말이 지나쳐 상대방에게 상처를 주거나 오해를 불러일으키는 경우가 있다. 이럴 때 중요한 것은 '너무 심했나?'라고 느낀 순간, 즉시 바로잡아야 한다. 이는 '신뢰의 조기 회복'이라는 심리학 개념에 기반한 효과적인 대응법으로 신뢰 관계에 금이 가지 않도록 하는 핵심이다.

신뢰는 말과 행동을 통해 서서히 쌓이지만 한 번 손상되면 회복에는 많은 시간과 노력이 필요하다. 그러나 문제가 발생한 직후 빠르게 대응하면 마음의 상처를 최소화하고 신뢰 회복 과정이 훨씬 수월해진다.

예를 들어, 회의 중에 감정이 격해져 지나친 표현을 사용했다면 그 자리에서 "좀 전에는 제가 말이 지나쳤습니다. 의도를 제대로 전달하지 못해 죄송합니다."라고 즉시 사과하거나 설명을 덧붙이는 것이 중요하다. 시간이 지나고 나중에 사과하는 것보다 즉시 대응하는 편이 상대에게 진심이 더 잘 전달된다. 실수나 잘못을 빠르게 인정하고 바로잡으면 상대방의 불신이나 분노가 누그러지고 부정적인 감정이 오래 남지 않는다. 반대로 시간이 지날수록 오해와 분노가 커져 감정의 골이 깊어지고 관계 회복은 점점 더 어려워진다.

조기 회복에는 '성실함'과 '겸손함'이 필수 요소다. 단순히 변명으로 상황을 모면하려 하기보다 자신의 잘못을 인정하고 상대의 감정에 공감하는 태도를 보이는 것이 신뢰 회복을 향한 첫걸음이다. 이렇게 빠르고 진정성 있는 대응은 자신에 대한 평가를 높이고 장기적으로 관계를 더욱 탄탄하게 만든다. 신속하고 진심 어린 사과가 신뢰 회복에 가장 효과적인 소통 기술이다.

**분노와 불신은 시간이 지날수록 더 커진다.**

**실천 가이드**

## 13

# 스스로 묻고,
# 설명하는
# 시간을 갖자

심리학에서는 '왜 그렇게 했을까?'라는 질문에 스스로 답해 보는 과정을 '자기 설명Self-explanation'이라고 부른다. 원래는 학습 효과를 높이는 기법으로 알려졌지만, 업무 현장에서 적용하면 자신의 사고 습관과 취약점을 발견하는 데 매우 유용한 도구가 된다.

예를 들어, 발표가 만족스럽지 못했거나 회의에서 의견이 전혀 받아들여지지 않은 날, 일이 끝난 후에 '왜 그런 흐름이 되었을까?', '나는 왜 그런 표현을 선택했지?' 같은 질문을 소리 내어 말하거나 종이에 적어 스스로에게 설명해 보자. 그러면 '준비가 부족했구나'처럼 표면적인 이유가 아니라 '상대의 관심사나 전제 조건을 충분히 고려하지 않고 말했구나'라는 더 깊은 통찰에 도달할 수 있다. 이런 깨달음은 누군가가 알려줘서는 쉽게 얻기 어려운, 자신만이 발견할 수 있는 시각이다.

또한, 감정적으로 반응했던 상황을 자기 설명으로 되돌아보면 '상대의 말 한마디에 과하게 반응한 건 내 안의 열등감이 자극됐기 때문일지도 몰라'와 같은, 자신도 몰랐던 감정적 트리거를 발견하기도 한다.

이처럼 자기 설명은 자신의 행동과 판단의 이유를 되짚어보면서 일이 잘 풀리지 않는 패턴이나 같은 실수를 반복하게 만드는 요인을 밝혀내는 실마리가 된다. 다만, 한 가지 주의할 점은 자기 비난으로 빠지지 않는 것이다. 자기 설명의 목적은 반성이나 자책이 아니라 '왜 그런 선택을 했을까?'라는 사고 구조를 정리하고 재발을 막기 위한 이해를 하기 위함이다.

어떤 일을 제대로 해내지 못했을 때 남 탓을 하기보다 그 순간 내가 어떤 사고 과정을 거쳤는지 주목해 보자. 이런 습관을 지닌 사람은 시간이 지날수록 조금씩 실패의 질이 달라진다.

**자책이 아니라 재발을 막기 위한 원인을 찾는다.**

POINT

# 14
# 머릿속에 구조를 그려, 상대의 마음을 쉽게 파악하자

상대가 무엇을 원하는지를 정확히 파악하는 일은 성과와 직결된다. 프레젠테이션이든 영업 미팅이든 전달 방식이 조금만 어긋나도 반응은 놀라울 만큼 달라진다. 이 정확도를 높이는 데 유용한 것이 머릿속으로 구조를 그리는 사고법이다.

구체적으로는 '트리 구조Tree Structure'를 떠올리며 상대가 무엇을 원하는지를 세분화해 나가는 방식이다. 예를 들어, 상대방이 "좀 더 괜찮은 제안을 해주세요."라고 말했을 때 그 말의 의미는 하나로 단정 지을 수 없다. 예산에 맞춰 내용을 바꾸고 싶다는 것일 수도 있고, 납기 변경을 원하는 것일 수도 있으며, 아니면 완전히 새로운 접근 방식을 원하는 것일 수도 있다. 우리는 이런 모호한 말을 들으면 자칫 자신의 기준으로 해석해 버리기 쉽다. 바로 이 지점에서 '오해의 틈'이 생기고 제안이 받아들여지지 않거나 의도가 제대로 전달되지 않는 상황이 발생한다. 이때 도움이 되는 것이 심리학에서 말하는 '멘탈 모델Mental Model' 구축이다.

사람은 누구나 '이래야 한다', '이게 보통이다'라는 나름의 인지 틀을 가지고 있다. 자신과는 다른 상대의 틀을, 말 뒤에 숨겨진 맥락에서 추론해야 한다. 트리를 그리듯 상대의 말을 출발점 삼아 '그렇다면 이런 뜻인가?', '아니면 이런 의도일까?' 생각하며 사고 구조를 지도처럼 그리는 이미지를 떠올려 보자.

이렇게 생각을 트리 형태로 정리하면 '무엇을 원하는지'뿐만 아니라 '왜 그것을 원하는지'까지 보이게 된다. 그렇게 되면 단순히 표면적인 대응이 아닌 상대방의 본질적인 요구에 닿는 제안을 할 수 있다. 오해의 여지를 줄이고 행간을 읽어내는 힘이야말로 설득력 있는 소통으로 이어지는 핵심이다.

**무엇을 원하는지뿐만 아니라 '왜 그것을 원하는지'까지 탐색한다.**

# 혼란한 상태에서 마음을 가라앉히는 방법

공황 상태에 빠질 것 같은 순간에는 먼저 '몸'을 사용해 마음을 안정시키는 방법이 효과적이다.

특히 호흡과 감정은 밀접하게 연결되어 있어 천천히 숨을 내쉬는 것만으로도 자율신경을 조절하는 효과가 있다. 4초 동안 들이마시고 6초 동안 내쉬는 심호흡을 몇 차례 반복하기만 해도 과도한 긴장이 서서히 풀린다.

또한, 의식을 되돌리는 '그라운딩Grounding' 기법도 유용하다. 예컨대, 주변에 '만질 수 있는 것에 의식을 집중하는' 등 감각에 주의를 기울이면 생각의 폭주를 멈추는 데 도움이 된다. 불안을 억지로 없애려 하지 말고 '우선 마음을 안정시키는 일'을 최우선으로 하자. 이런 간단한 습관을 꾸준히 실천해 두면 위기 상황이 찾아왔을 때 자신을 지켜내는 든든한 힘이 된다.

# 6장

# 감정을 조절하고
# 나를 다스릴 줄 아는 감각

## : 마침내, 한 단계 더 성장하는 것

**효과 있어요!**

# 58.7%

## 01

# 작은 성공은 자기긍정감을 키운다

큰 성과만을 추구하다 보면 일이 뜻대로 되지 않을 때가 있다. 안타깝게도 이때 자기 평가가 낮아지곤 한다. 이럴 때 도움이 되는 것이 심리학에서 말하는 '작은 성공Small Success' 이론이다. 이는 일상 속 작은 성취나 '해낸 일'을 의식적으로 세어 보면서 자기긍정감을 높이는 습관을 만들면 마음의 안정과 동기부여를 유지하는 데 도움이 된다. 예를 들어, 기한 내에 업무를 마쳤다, 어려운 회의에서 의견을 말했다, 평소보다 일찍 일을 시작했다는 등 사소한 '해냈다!'를 자각하는 것이 중요하다.

사람은 성공 경험을 쌓을수록 자기효능감이 높아지고 자신감이 자란다. 이러한 감각은 다음 행동을 향한 의욕과 도전 정신을 강화하고 스트레스를 견디는 힘과 어려움을 극복하는 힘으로 이어진다. 반대로 성공 경험이 적으면 자기부정감이나 무력감이 커져 의욕 저하와 불안 증가로 이어질 수 있다. 작은 성공 경험을 모으는 습관은 자기 평가를 긍정적으로 유지하고 일상의 동기부여를 지속하는 데 매우 효과적이다. 하루를 마무리하며 '오늘의 작은 성공 리스트'를 작성해 보거나 작은 성취를 짧게 메모해 보자. 이러한 되돌아보기를 통해 자신의 성장과 노력을 더 분명하게 체감할 수 있다.

또한, 작은 성공 경험은 주변에도 긍정적인 파장을 낳는다. 팀 안에서 이런 경험을 공유하면 서로의 노력을 인정하게 되고, 조직 전체의 긍정적인 분위기와 연대감을 조성하는 효과도 기대할 수 있다.

큰 성공만을 좇기보다 작은 걸음을 확인하는 자세는 자신의 힘을 믿는 마음을 키워준다. '해냈다'는 작은 경험 하나하나가 생각보다 훨씬 든든한 버팀목이 되어 줄 것이다.

**동기부여를 위해 자신의 노력과 성과를 눈에 보이게 정리한다.**

POINT

효과 있어요!

# 51.3%

## 02

# 마음을 안정시키는 리셋 버튼을 준비한다

기분이 가라앉고 스트레스를 받을 때 마음을 적절히 전환하지 못하면 업무 능률이 크게 떨어지기 쉽다. 이럴 때 도움이 되는 심리학 접근이 바로 '행동으로 기분을 전환하는' 방법이다. 이는 '앵커링Anchoring'과 '행동 활성화Behavioral Activation' 개념을 바탕으로 하며, 특히 행동 활성화가 핵심적으로 작용한다. 행동 활성화란 기분이 가라앉거나 무기력해질 때 작은 행동부터 의식적으로 시작해 긍정적인 감정을 끌어내는 원리이다. 즉, '몸을 움직이면 마음도 움직인다'는 개념으로, 쉽게 기분을 바꾸는 데 도움이 된다.

'아무것도 하고 싶지 않다'고 느껴질 때도 일단 책상을 가볍게 닦아 보자. 자리에서 일어나 간단한 스트레칭을 하거나 커피를 내려 마시는 것도 좋다. 이러한 사소한 행동이라도 해냈다는 성취감을 느끼면 뇌의 보상 체계가 자극되어 다음 행동으로 이어질 의욕이 생긴다. 이렇게 쌓인 작은 성공들이 결국 기분 전환의 스위치가 된다.

여기에 앵커링 효과를 더하면 어떻게 될까? 특정 행동이나 환경에 '기분 전환 신호'라는 의미를 부여하는 것이다. 예를 들어, '커피=집중 모드 시작', '심호흡=리셋 신호'처럼 같은 행동을 반복하면 뇌가 자연스럽게 그 상태로 전환된다.

행동으로 기분을 전환하는 방법은 감정 전환이 어려운 사람일수록 더 큰 효과를 발휘한다. 자신만의 기분 리셋 버튼을 만들어 두면 더욱 건강하고 긍정적인 일상을 쌓아가는 데 든든한 밑거름이 된다.

**POINT** 자연스러운 감정 전환이 어려운 사람일수록 행동으로 마음을 바꾼다.

효과 있어요!

# 48.2%

## 03

# 나의 감정을 침착하게 마주하자

우리는 매일 다양한 감정에 흔들리며 살아간다. 그러나 때로는 '도저히 답을 찾을 수 없다', '해결책이 보이지 않는다'는 감정과 마주한다. 이럴 때 억지로 결론을 서두르기보다 일단 감정을 잠시 내려놓았다가 나중에 차분히 마주하는 것이 효과적이다. 이를 설명하는 개념이 심리학에서 말하는 '부정적 수용 능력Negative Capability'이다.

부정적 수용 능력이란 모호함이나 불확실성, 답이 없는 문제 앞에서도 조급하게 해결하려 들지 않고 '그 상태 자체를 견딜 수 있는 능력'을 뜻한다. 이 개념은 영국 시인 존 키츠John

Keats가 제시한 것으로, 불확실한 상황을 받아들이면서도 깊이 있는 사고를 유지하는 자세를 높이 평가한 데서 출발했다. 당장 해결할 수 없는 고민이나 막연한 불안을 억지로 소화하려고 하면 오히려 스트레스와 혼란이 커질 수 있다. 그래서 일단 감정을 잠시 옆에 내려두고 마음의 여유를 만들어 차분히 자신과 마주할 준비를 하는 심리적 접근법이다.

이 기법은 심리학이나 마음챙김Mindfulness의 원리와도 맞닿아 있다. 예를 들어, 불쾌한 감정을 억누르기보다 '지금 나는 이렇게 느끼고 있구나'라고 객관적으로 인식하고 그 자리에서 해결하지 않고 한 걸음 물러서는 자세가 감정 정리와 자기 이해에 큰 도움이 된다. 또한, 시간을 두고 바라보면 감정의 파도가 자연스레 잦아들고, 상황을 다각적으로 볼 수 있게 되어 새로운 깨달음이나 좀 더 유연한 대처 방안이 떠오르기도 한다. 조급해하지 않고 '지금은 아직 답이 없어도 괜찮다'고 인정하는 마음의 여유는 결과적으로 정신적 안정과 성장으로 이어진다.

**답이 나오지 않는 문제를 붙잡고 있으면 오히려 더 혼란스러워진다.**

POINT

효과 있어요!

# 42.1%

## 04

# 과한 '완벽주의'는 자신을 몰아세운다

직장 생활이나 일상에서 완벽해야 한다는 강박에 사로잡혀 자신을 몰아세우면 몸도 마음도 금세 지치기 마련이다. 이런 상태를 예방하고 스트레스를 줄이기 위해 중요한 개념이 심리학에서 말하는 '인지적 유연성Cognitive Flexibility'이다. 인지적 유연성이란 상황과 사물을 바라보는 관점이나 생각의 틀을 유연하게 바꿀 수 있는 능력으로, 완벽주의처럼 경직된 사고방식에서 벗어나는 데 큰 도움이 된다.

완벽주의에 빠지면 '모두 완벽하게 해내지 않으면 가치가 없어', '실수는 절대로 용납할 수 없어' 같은 극단적인 생각에 갇히기 쉽다. 이러한 고정관념은 성취감과 만족감을 방해하고 자기 평가를 낮추며 만성적인 피로감까지 불러올 수 있다.

업무에서 실수가 있었을 때 '나는 무능해'라고 생각하기보다 '이번 경험에서 배울 수 있는 점이 있어'라고 관점을 바꾸어 보자. 또한, 타인의 의견이나 예기치 못한 상황 변화에도 유연하게 대처할 수 있어 대인관계에서 겪는 스트레스와 갈등을 줄일 수 있다.

구체적인 방법으로는 인지행동치료CBT, Cognitive Behavioral Therapy의 원리를 활용하는 것이 유용하다. '완벽하지 않으면 의미가 없어'라는 생각이 떠오를 때마다 '과연 정말 그럴까?'라고 되묻는 습관을 들이면 점차 사고방식에 여유가 생기고 유연해진다. 자신을 몰아세우는 완벽함을 내려놓고 좀 더 유연한 관점을 받아들이면 마음에 여유가 생기고 일상적인 스트레스에도 훨씬 강해질 수 있다. 높은 이상을 품는 것 자체가 나쁜 일은 아니지만, 그 기준에 지나치게 얽매이지 않아야 지속 가능하고 건강한 삶과 일하는 방식에 다가갈 수 있다.

**POINT** 완벽함을 내려놓고 유연하게 답을 찾을 수 있다면 타인에게도 관대해진다.

# 39%

## 05

# 한 걸음 물러서 자신을 바라보면 감정에 휘둘리지 않는다

우리는 매일 다양한 생각과 감정의 소용돌이 속에서 살아간다. 하지만 바로 그 순간에 자기 생각이나 감정을 객관적으로 바라볼 수 있다면 감정에 휘둘리거나 잘못된 판단을 내릴 위험을 크게 줄일 수 있다. 심리학에서는 이를 '메타인지Metacognition' 라고 하며, 이는 '자신의 인지 활동을 한 걸음 물러서 높은 곳에서 조망하듯 관찰하는 능력'을 의미한다.

메타인지가 작동하면 '나는 왜 그렇게 생각했지?', '이 판단이 과연 옳은 걸까?'와 같은 질문을 스스로 던질 수 있게 된다. 이를 통해 감정적인 반응이나 편향된 사고를 객관적으로 파악하고 냉정한 판단과 행동으로 이어지기 쉽다. 예를 들어, 업무에서 실수가 있었을 때 감정적으로 '나는 무능해'라고 자신을 비난하는 대신 '다른 관점으로 볼 수 없을까?'라고 생각하면 더 건설적인 사고가 가능해진다.

심리학 연구에서도 메타인지 능력이 높은 사람은 스트레스 관리와 문제 해결에 뛰어나며 자기 조절 능력 역시 우수하다는 점이 확인되었다. 메타인지는 개인의 성장과 학습 효과를 높이는 데에도 큰 도움이 되기 때문에 비즈니스나 교육 현장에서 매우 중요하게 다뤄진다. 이 능력을 키우기 위해서는 평소에 스스로에게 질문하는 습관을 들이는 것이 가장 효과적이다. 감정이 격해진 순간이나 어려움에 직면했을 때 잠시 숨을 고르고 내 생각이 어떤 배경에서 비롯되었는지 살펴보면 냉정한 시각을 되찾을 수 있다.

잠시 멈춰서 자기 내면을 들여다보는 습관을 갖는 것, 그리고 지금 그런 감정을 느끼는 이유를 천천히 생각해 보는 것, 이러한 시도야말로 생각을 정리하고 감정에 휘둘리지 않도록 돕는 확실한 발판이 된다.

**POINT** 감정이 격해질 때일수록 자신을 조망하듯 바라봐야 한다.

효과 있어요!

# 37.4%

## 06

# '내 탓'하는 습관을 바로잡으면 시야가 넓어진다

우리는 실패하거나 문제가 생겼을 때 무심코 '내 탓이야', '내 잘못이야'라고 생각하기 쉽다. 하지만 이러한 과도한 자기 책임감은 자신감을 잃게 만들고 스트레스를 증가시키는 원인이 된다. 이때 도움이 되는 개념이 심리학의 '귀인 재훈련 Attributional Retraining'이다.

'귀인歸因'이란 어떤 일이 발생했을 때 그 원인을 어디에서 찾을 것인가를 의미한다. 크게는 자신의 성격이나 능력 등 내부 요인에 집중하는 내적 귀인, 환경이나 타인의 행동 같은 외부 요인에 주목하는 외적 귀인으로 나뉜다. 문제가 생겼을 때 내적 귀인에 지나치게 기울면 자기부정에 빠지기 쉽다. 귀인 재훈련은 이처럼 내적 귀인에만 치우치는 습관을 인식하고 사건의 원인을 좀 더 객관적인 시각으로 재해석하는 것을 말한다. 예를 들어, 프로젝트가 실패했을 때 '외적 요인이 영향을 미친 것은 아닐까?', '다른 팀원의 상황도 관련이 있을지 몰라'라고 시야를 넓혀 생각해 보는 것이다.

심리학 연구에서는 귀인 재훈련을 통해 스트레스가 감소하고 자기긍정감이 높아지는 효과가 확인되었다. 반대로 모든 문제를 자기 책임으로 돌리는 습관이 계속되면 정신적 피로와 번아웃Burn-out 위험이 커질 수 있다.

그렇다면 어떻게 귀인 재훈련을 일상에 적용할 수 있을까? 먼저, '이 문제가 정말 모두 내 탓일까?'라고 차분히 되묻는 것에서 시작해 보자. 이어서 '뭔가 외적 요인이 있었나?', '다른 사람이라면 이런 상황을 어떻게 생각할까?'처럼 제삼자의 시각을 더해 보면 판단이 한층 객관적으로 정리된다.

**POINT** 모든 것을 자기 탓으로 돌리면 근본적인 문제를 해결하지 못한다.

## 07

# 스트레스를 유발하는 상황을 기록하고 패턴을 시각화한다

많은 사람들은 스트레스로 어려움을 겪고 있다. 이러한 스트레스를 효과적으로 관리하고 몸과 마음의 건강을 지키는 데 도움이 되는 개념이 바로 심리학에서 말하는 '스트레스 대처 Stress Coping'이다. 이는 스트레스의 원인과 반응을 이해하고 자신에게 맞는 대처법을 찾아 실천함으로써 스트레스의 부담을 줄여나가는 접근 방식이다.

스트레스의 원인을 파악하는 데 효과적인 방법은 스트레스를 유발하는 상황을 기록하고 패턴을 시각화하는 것이다. 스트레스는 대부분 특정 사건이나 상황, 혹은 사람과의 관계에 뿌리를 두고 있지만, 그러한 요인에 대한 자신이 어떻게 반응하는지 인식하기란 생각보다 어렵다. 따라서 일상에서 '언제 스트레스를 느꼈는지', '그때 어떤 감정이 들었는지' 등을 자세히 기록해 나가다 보면 자신의 스트레스 경향이 드러나기 시작한다.

예를 들어, 스트레스 일기를 쓰면서 사건·기분·신체적 반응 등을 기록하면 '월요일 아침 회의 전', '특정 사람과 대화한 후'처럼 반복되는 트리거가 자연스럽게 파악된다. 이렇게 패턴을 시각화하면 스트레스의 원인이 되는 상황을 피하거나 미리 마음의 준비를 하는 등 구체적인 대책을 세울 수 있다.

스트레스 대처 방식으로는 '문제 중심적 대처Problem-Focused Coping'가 가장 널리 알려져 있다. 이는 스트레스 원인을 해결하려는 지속적인 노력을 통해 부담을 줄이는 방식으로 자신의 스트레스 패턴을 기록하고 분석하는 과정과 특히 잘 맞는다. 어떤 상황에서 자신이 쉽게 스트레스를 받는지 인식하고 해결 방향을 찾아가는 경험이 쌓이면 스트레스에 휘둘리지 않는 힘을 기를 수 있다.

**POINT** 분석을 통해 스트레스의 근본 원인에서 벗어날 수 있다.

효과 있어요!

# 32.9%

## 08

# 동기부여를
# 유지하기 위한
# 보상을 준비한다

꾸준히 동기부여를 유지하는 일은 절대 쉽지 않다. 이럴 때 효과적인 방법이 목표 달성을 달성했을 때 나만의 작은 보상을 미리 준비해 두는 것이다. 이는 앞에서도 간단히 언급한 심리학의 '보상 체계Reward System' 메커니즘을 활용해 내가 좋아하는 것을 보상으로 정해두는 전략이라고 할 수 있다.

보상 체계란 뇌에서 쾌감과 만족감을 만들어내는 신경 회로를 말하며 이 회로가 활성화되면 자연스럽게 의욕이 생기고 행동을 꾸준히 이어가기 쉬워진다. 특히 도파민Dopamine은 동기부여와 깊이 관련된 신경전달물질로, 목표를 달성했거나 노력했을 때 '자기 자신에게 무언가 기분 좋은 보상'을 주면, 뇌의 보상 체계가 자극되어 분비된다. 도파민이 분비되면 '다시 한번 열심히 하자'라는 마음이 생겨나고 행동이 습관으로 자리 잡기 쉬워진다. 예를 들면, 작업을 마치면 좋아하는 디저트를 먹거나 좋아하는 음악을 듣는 등 긍정적인 감정을 불러일으키는 작은 경험을 '보상'으로 설정하는 것이다.

보상 체계는 본래 인간의 생존과 학습을 돕기 위해 작동하는 메커니즘이다. 보상이 주어지면 그 행동이 강화되고 다음에도 같은 행동을 하려는 심리적 경향이 높아진다. 이는 행동 심리학의 기본 원리 중 하나이며 '조작적 조건화Operant Conditioning'라고 불린다. 작은 성공 경험에 적절한 보상이 더해지면 다음 도전을 위한 동력이 생긴다. 이 메커니즘을 활용할 때의 핵심은 보상을 구체적이고 자신이 진심으로 기뻐할 수 있는 것으로 설정해야 한다는 것이다. 그래야만 보상 체계가 제대로 자극되어 동기부여가 자연스럽게 올라간다. 또한, 보상의 빈도와 타이밍도 중요한데 성취감을 느낀 직후 보상을 주는 것이 가장 효과적이다.

**POINT**

**보상을 준비하면 행동에 대한 동기부여가 올라간다.**

효과 있어요!

# 32.3%

## 09

# 생각의 전환에 따라 경험치는 크게 달라진다

현실적으로 매번 성공할 수는 없다. 그러므로 실패를 이겨내는 자세는 필수로 요구된다. 실패를 어떻게 받아들이느냐에 따라 성장과 동기부여는 크게 달라진다. 심리학의 '리프레이밍Reframing'은 사건의 의미와 해석을 의식적으로 바꾸어 부정적인 경험을 긍정적인 배움으로 전환하는 사고법이다.

리프레이밍은 어떤 상황이나 사건을 바라보는 관점과 해석을 바꾸어 새로운 의미를 부여하는 것을 말한다. 실패했다는 사실을 '내가 성장하기 위한 중요한 경험'이라고 생각을 전환하면 부정적인 감정이 누그러지고 자연스럽게 앞으로 나아갈 수 있는 긍정적인 행동으로 이어진다. 이러한 접근은 인지행동치료 등 심리치료에서도 활용되며 스트레스와 불안을 완화하는 데 효과적인 기법으로 알려져 있다.

비즈니스 현장에서도 리프레이밍은 매우 유용하다. 실패나 비판을 단순히 문제점을 알려주는 신호로 받아들이고 이를 개선의 기회로 바라볼 수 있다면 팀 전체의 사기와 개인의 자기효능감이 높아진다. 구체적으로는 문제가 발생했을 때 '이 경험에서 무엇을 배울 수 있을까?', '다음에는 어떻게 하면 더 잘할 수 있을까?'라고 스스로에게 질문하는 것만으로도 리프레이밍에 도움이 된다. 이러한 사고 연습이 쌓이면 부정적인 감정에 휘둘리지 않고 자기 성장으로 이어지는 강한 멘탈을 기를 수 있다.

관점을 조금만 바꾸면 똑같은 현실이 전혀 다른 의미를 갖기 시작한다. 아무리 어려운 상황에 놓이더라도 그 안에서 가치나 의미를 발견할 수 있다면 한 걸음씩 유연하게 앞으로 나아갈 수 있다. 결국, 어려움을 힘으로 전환하기 위한 첫걸음은 사고의 틀을 유연하게 유지하는 자세다.

**POINT** **실패도 관점을 바꾸면 미래를 위한 교훈이 된다.**

**효과 있어요!**

# 30.8%

# 10

# 과거의 후회나
# 미래의 불안 대신
# 지금의 나를 소중히 한다

우리는 과거의 후회나 미래에 대한 불안에 사로잡히기 쉽다. 이때 도움이 되는 개념이 바로 심리학에서 말하는 '마음챙김Mindfulness'이다. 마음챙김이란 과거나 미래의 생각에서 벗어나 '지금 이 순간'에 주의를 기울이고 현재의 자신과 환경에 집중하는 마음 상태를 뜻한다.

마음챙김을 실천하면 후회나 불안에 사로잡히지 않고 지금 이 순간 자신의 감각·감정·생각을 자연스럽게 알아차릴 수 있다. 예를 들어, 호흡이나 몸의 감각, 주변의 소리에 집중하면 잡념이 줄어들고 되고 마음이 한결 평온해진다. 이러한 과정은 스트레스 반응을 누그러뜨리고 정신적 안정과 집중력을 높이는 데도 도움이 된다. 또한, 마음챙김은 자기 수용의 태도를 기르는 데 중요한 역할을 한다. 과거의 실패나 미래에 대한 불안을 스스로 비판하기보다 '지금 나는 이렇게 느끼고 있구나'라고 받아들이면 자기 비난이 줄고 마음의 여유가 생긴다. 이러한 사고법은 일상적인 스트레스와 불안을 완화하고 마음의 건강을 지켜주는 힘이 된다.

마음챙김 사고법을 익히면 바쁜 상황에서도 냉정한 판단과 유연한 대응이 가능해진다. 중요한 것은 생각의 소용돌이에 휘말리기 전에 잠시 멈춰 자기 내면을 조용히 들여다보는 시간을 갖는 것이다.

실천 방법은 어렵지 않다. 짧은 시간이라도 매일 호흡에 의식을 집중하는 명상이나 오감을 깨워 온전히 식사에 집중하는 '마음챙김 식사Mindful Eating' 등이 대표적이다. 불확실한 시대일수록 자신의 내면에 조용히 귀를 기울이며 흔들리기 쉬운 마음을 가다듬는 시간을 갖도록 하자.

**현재 상황과 감정을 마주하는 힘은 바쁜 순간에도 흔들리지 않는 대응력으로 이어진다.**

POINT

11

# 자신을 힘들게 하는 '좋은 사람 되기'를 그만둔다

좋은 사람이 되려고 노력하는 자세는 중요하다. 그러나 그 노력이 지나치면 자기 자신을 억누른 채 주변에 맞추느라 부담과 스트레스가 쌓이고 결국 몸과 마음의 건강까지 해칠 수 있다. 심리학에서는 이러한 상태를 '과잉적응Over-adaptation'이라 부른다. 이는 자신의 진짜 감정이나 욕구를 억누르고 타인에게 지나치게 맞추려다 보니 무리한 상태가 지속되는 심리적 경향을 뜻한다.

과잉적응에 빠지기 쉬운 사람은 대체로 타인의 평가를 과도하게 의식하고 미움받고 싶지 않다는 마음에 자신을 희생하는 경우가 많다. 그 결과 자기주장을 제대로 하지 못해 스트레스가 쌓이고 피로감이나 번아웃, 심지어는 우울감으로 이어지기도 한다. 즉, 좋은 사람이 되려는 마음이 오히려 자신을 잃어버리는 위험으로 돌아올 수 있는 것이다. 이를 방지하려면 '지금 나는 무리하고 있지 않은가?', '내 감정을 억누르고 있는 것은 아닐까?'를 되돌아보는 과정이 필요하다. 과잉적응의 대표적인 신호로는 만성적인 피로감, 사소한 일에도 쉽게 치밀어 오르는 짜증, 몸과 마음의 컨디션이 오래도록 좋지 않은 상태 등을 들 수 있다. 이러한 조짐이 느껴진다면 우선 자신의 감정이나 욕구를 솔직하게 들여다보는 시간이 필요하다.

이때 자신의 감정을 말로 표현하는 연습이나 때로는 단호하게 '아니요'라고 말할 용기를 가져야 한다. 믿을 수 있는 사람에게 고민을 털어놓고 몸과 마음의 긴장을 푸는 시간을 마련하는 것도 과잉적응을 완화하는 데 도움이 된다. 이러한 노력이 꾸준히 쌓이면 억지로 애쓰지 않아도 자신다움을 지키면서 타인과의 조화도 이룰 수 있게 된다.

**자신을 잃고 스트레스를 쌓는 '좋은 사람'은 필요없다.**

효과 있어요!

# 30.3%

## 12

# 부정적 감정을 지혜롭게 정리하는 방법을 찾는다

누구나 직장, 인간관계, 일상생활 속에서 다양한 부정적인 감정과 마주하게 된다. 분노, 불안, 슬픔 같은 피할 수 없는 감정들이지만 많은 사람이 부정적 감정은 좋지 않다고 여기며 부정하고 억누르려는 경향이 있다. 그러나 최근 심리학 연구에서는 오히려 이런 감정을 인정하고 있는 그대로 받아들이는 자세가 마음의 건강에 도움이 된다고 말한다.

사실 부정적 감정은 자신의 마음 상태나 환경적인 문제점을 알려주는 중요한 신호다. 이 감정을 무조건 거부하거나 억압하려 들면 감정 에너지가 증폭되어 스트레스와 불안이 더 악화될 수 있다. 우선 지금 느끼는 감정을 파악하고 '나는 지금 이렇게 느끼고 있구나'하고 인정하는 것이 중요하다.

다만 부정적 감정에 오래 머물면 앞으로 나아가기 어려우므로 그다음 단계로 나아갈 수 있는 지혜로운 마음 정리법이 필요하다. 여기서 말하는 정리란 '이 감정은 잠시 머물다가는 지나가는 것이다', '기분은 시간이 지나면 분명히 변한다'와 같은 객관적인 관점을 갖는 것을 의미한다. 이를 통해 부정적 감정에 지나치게 사로잡히지 않고 마음의 균형을 유지할 수 있게 된다. 이러한 자세는 심리학에서 말하는 '감정 수용Emotional Acceptance' 과 '인지적 재평가Cognitive Reappraisal'를 결합한 접근으로 스트레스 관리와 정신 건강에 매우 효과적이다.

부정적인 감정과 건강하게 마주하려면 먼저 일기나 메모에 자신의 감정을 적고 그것을 객관적으로 바라보는 것이 도움이 된다. 또한, 심호흡이나 명상을 하면서 감정의 파도를 가라앉히고 '이것은 일시적인 감정이다'라고 스스로에게 되뇌는 습관을 들이는 것도 효과적이다.

**부정적인 감정을 부정하지 말고 일시적인 것으로 받아들인다.**

POINT

## 13

# 일상 속의 '좋은 일'을 찾는 습관이 삶을 풍요롭게 한다

매일 바쁜 일상에 쫓기고 스트레스에 시달리다 보면 무심코 부정적인 일들에 시선을 빼앗기기 쉽다. 그러나 심리학 연구에 따르면 의식적으로 긍정적인 경험에 주목할수록 마음의 건강이 크게 향상된다는 사실이 밝혀졌다. 이때 활용할 수 있는 효과적인 방법이 바로 '세 가지 좋은 일Three Good Things'이라는 간단한 습관이다.

세 가지 좋은 일이란 하루를 마무리할 때 '그날 있었던 좋은 일'을 세 가지 적어보는 것을 말한다. 이 행동을 매일 이어가면 뇌는 자연스럽게 긍정적인 사건에 주목하는 방향으로 학습되고 행복감과 만족감이 높아진다. 이 방법은 긍정심리학자 마틴 셀리그먼Martin Seligman 등이 제안한 것으로, 수많은 연구를 통해 그 효과가 입증되었다. 특히 스트레스 감소, 우울감 완화, 수면의 질 향상 등 정신 건강 전반에 긍정적인 변화를 가져오는 것으로 알려져 있다.

세 가지 좋은 일의 핵심은 단순히 좋았던 일을 나열하는 데 그치지 않고 그 일이 왜 좋았는지와 당시 느꼈던 감정까지 함께 적어보는 것이다. 구체적인 감정을 기록하면 긍정적 기억이 더욱 견고해진다. 이 습관을 꾸준히 실천하면 평소에는 놓치기 쉬운 일상의 작은 좋은 순간을 더 잘 알아차리게 되어 행복감과 자기긍정감도 높아진다. 이는 뇌가 긍정적인 정보를 먼저 처리하도록 돕는 '인지적 재구성Cognitive Restructuring' 효과와도 맞닿아 있다.

비즈니스 현장에서도 '세 가지 좋은 일'을 도입하면 직원들의 동기부여 상승과 팀 분위기 개선에 도움이 되는 것으로 알려져 있다. 이 습관은 개인뿐만 아니라 조직 전체의 정신 건강을 증진하는 데 유용한 도구가 될 수 있다.

**POINT** | 일상 속의 작은 행복을 알아차리게 되면 자기긍정감도 올라간다.

# 24.4%

## 14

# 불안에 짓눌릴 때는 마음을 글로 털어놓는다

살다보면, 다양한 감정과 생각을 마음속에 쌓아두기 쉽다. 특히 스트레스나 고민, 불안이 겹치면 생각이 끝없이 맴돌아 감정이 정리되지 않은 채 지쳐버리기도 한다. 이럴 때 심리학에서 주목하는 방법이 바로 '저널링Journaling'이다.

저널링이란 생각이나 감정을 떠오르는 대로 적어 나가는 행위를 말한다. 이는 단순한 일기와는 달리 감정과 생각을 정해진 형식 없이 자유롭게 밖으로 꺼내 내면을 정리하는 감정 정리 기법이다. 글로 쓰는 과정을 통해 머릿속의 복잡한 생각이 언어로 정리되고 흩어져 있던 감정의 흐름이 눈에 보이기 시작한다.

심리학 연구에서도 저널링이 정신 건강에 긍정적인 효과가 있다는 사실이 밝혀졌다. 감정을 글로 표현하면 뇌는 이를 더 잘 정리할 수 있게 되고 마음의 부담도 한층 가벼워진다. 또한, 자신의 사고 습관이나 패턴을 알아차릴 수 있어 문제 해결을 위한 단서가 되기도 한다. 저널링에는 어려운 규칙이 없다. 그냥 생각이 떠오르는 대로 솔직하게 써 내려가면 된다. 정답을 찾을 필요도 없고 마음이 닿는 대로 자유롭게 적어 보자.

시간이 지나 적어둔 내용을 다시 읽어보면 그동안 자신의 감정과 행동이 어떻게 변화해 왔는지 자연스럽게 확인할 수 있다. 힘든 시기를 어떻게 버텼는지 보이기도 하고, 이전보다 긍정적인 표현이 늘어난 것을 깨닫기도 한다. 이런 경험은 자기 이해를 깊게 하고 자기긍정감을 키워준다. 마음이 지쳐있을 때일수록 내면의 목소리를 글로 옮기면서 차분히 들어주는 시간은 더욱 중요하다. 생각나는 대로 적어보는 단순한 행동만으로도 숨겨져 있던 감정이 드러나고 다음 한 걸음을 내딛는 용기를 되찾는 데 큰 도움이 된다.

**과거의 내 글이 문제를 푸는 실마리가 되기도 한다.**

효과 있어요!

# 22.5%

## 15

# 고민 시간은 30분으로 정해 두자

직장이나 일상생활 속에서 걱정이나 불안, 혹은 여러 가지 부정적인 감정에 사로잡히는 순간은 누구에게나 찾아온다. 그러나 오랜 시간 그 감정에 사로잡히면 집중력이 떨어지고 생산성은 물론 정신 건강에도 좋지 않은 영향을 미친다. 이럴 때 도움이 되는 것이 시간 관리 기법인 '타임 블로킹'을 응용한 '고민할 시간은 30분'으로 정해두는 방법이다. 하루 중 걱정하고 고민하는 시간을 미리 30분으로 제한해 두면 과도한 생각의 악순환에서 벗어나는 데 도움이 된다.

이 방법의 장점은 걱정이나 불안을 '언제, 얼마나 마주할지'

스스로 결정해 감정 조절이 쉬워진다는 것이다. 예를 들어, 아침이나 점심 등 하루 중 딱 30분만 고민거리를 떠올리고 그 외 시간에는 고민하지 않기로 마음먹으면 감정 조절이 훨씬 수월해진다.

걱정이나 불안을 완전히 외면하는 것은 어렵기 때문에 한 번은 받아들이고 마주하는 시간이 필요하다. 하지만 그 상태에 오래 머물면 몸과 마음이 금세 지치므로 시간을 구분해 감정을 다루는 것이 건강하게 대처법이 된다. 또한, 고민하는 시간을 제한하면 효율적으로 생각을 정리하고 고민을 구체적인 행동 계획으로 연결하기 쉬워진다. 더불어 고민하는 시간 외에는 기분 전환이나 다른 작업에 집중할 수 있어 마음의 균형을 유지하기가 훨씬 수월하다. 이렇게 하면 지나친 걱정에 휘둘리는 일 없이 일상생활이 안정되고 업무 성과도 높일 수 있다.

시간으로 감정을 관리하는 타임 블로킹은 걱정이나 불안을 건강하게 받아들이면서도 마음의 부담을 줄이는 효과적인 방법이다. 시간을 구분해 감정을 정리하고 효율적으로 문제 해결을 향해 나아가는 습관을 만드는 데 활용해 보자.

**POINT** **불안을 외면하지 말고 그 원인을 살피고 반드시 해결을 위한 시간을 따로 마련한다.**

**실천 가이드**

# 16

# 우리의 몸은 이미 신호를 보내고 있다

　'내가 지금 긴장한 건가?', '왠지 짜증이 나는데 이유를 잘 모르겠다' 싶은 때 가장 먼저 도움이 되는 것이 바로 몸의 변화에서 감정을 알아차리는 것이다. 예를 들어, '손에 땀이 난다', '목이 마르다', '심장이 두근거린다' 등 신체 반응에 주의를 기울이면 감정의 실체가 서서히 드러나기도 한다. 심리학에서는 이를 '신체 감각에 대한 자각Interoception'이라고 부르며 감정에 대한 자기 인식 능력을 높이는 첫걸음으로 본다. 감정은 사실 우리 몸에 구체적인 형태로 나타난다. 분노, 불안, 초조함, 기쁨 등 어떤 감정이든 신체 반응이 함께 따라온다.

따라서 일상생활 속에서 지금 내 몸에 어떤 변화가 일어나고 있는지를 살피는 연습은 감정을 잘 다루는 데 매우 효과적이다. 예컨대, 회의 직전 손바닥에 땀이 나는 것은 스트레스를 느끼거나 긴장하고 있다는 신호일 수 있다. 이런 몸의 신호를 알아차릴 수 있게 되면 스트레스를 미리 감지하고 감정을 더 쉽게 조절할 수 있다. 자신의 감정을 이해하는 힘을 키우면 타인을 공감하는 능력도 함께 높아지고 대응에도 여유가 생긴다. 그 결과 대인관계나 업무에서의 소통도 자연스러워진다.

우선 하루에 몇 번씩 '지금 내 몸은 어떤 감각을 느끼고 있나?'를 가볍게 체크해 보자. 잠시 멈춰 깊게 호흡하며 '심장의 박동', '손발의 감각' 등에 의식을 집중하는 것만으로도 내면의 변화에 민감해지게 된다. 신체 변화는 우리가 미처 알아차리지 못한 마음의 상태를 살머시 알려주는 신호이기 때문이다.

**마음보다 몸이 먼저 스트레스와 긴장을 알려줄 때가 있다.**

POINT

**실천 가이드**

# 17
# 과거의 부정적 기억도 자기긍정감으로 이어진다

우리는 과거의 경험 속에서 '사실은 이렇게 말하고 싶었는데', '그때 상처받았지만 아무 말도 하지 못했다' 같은 감정을 무의식적으로 억누르는 경우가 있다. 이렇게 해소되지 않은 감정은 시간이 지나도 마음 깊은 곳에 남아 있다가, 어느 순간 예상치 못한 상황에서 나의 감정에 영향을 미치기도 한다.

심리학에서는 이런 과거 사건에 얽힌 '해소되지 않은 감정'을 정리하는 과정을 '감정의 재정리Emotional Reprocessing' 또는 '내적 성찰Introspection'이라고 부르며, 자기 이해를 위한 중요 과정으로 본다. 특히 직장 생활이나 인간관계에서 '왜 이렇게 짜증

224

이 나지?', '생각보다 많이 우울하네'라고 느끼는 순간, 그 배경에는 과거에 해결되지 않은 감정이 자리하고 있는 경우가 많다. 감정과 마주하는 첫 단계는 '그때 나는 어떤 감정을 느끼고 있었을까?'를 차분하게 되짚어보는 일이다. 일기를 쓰거나 믿을 수 있는 사람에게 털어놓거나 마음속으로 당시의 나에게 질문을 건네는 것만으로도 충분하다. '무서웠다', '슬펐다' 등의 감정을 표현하기 시작하면 그 감정들은 조금씩 정리되기 시작한다.

여기서 핵심은 '과거를 바꾸는 것'이 아니라 '과거의 내 감정을 인정하는 것'이다. 그때 아무 말도 하지 못했더라도 '그렇게 느끼고 있었던 나'를 받아들이는 것이 자기 이해와 회복의 첫걸음이 된다. 해소되지 않은 감정과 마주하는 일은 용기가 필요한 과정이지만, 그만큼 얻을 수 있는 효과도 크다. '예전의 내가 남겨둔 감정을 지금의 내가 마중 나간다'는 마음가짐으로 자신의 내면에 조용히 귀 기울여 보자.

**과거의 나와 마주하면 지금의 내가 치유되기도 한다.**

# 내가 편안함을 느낄 수 있는
# 공간을 발견하려면

내가 어디에서 마음이 놓이는지를 세심하게 들여다보고 그 감정에 기대어 찾아보는 것이 중요하다.

적당한 거리가 유지되는 인간관계, 자연광이 들어오는 공간, 자신의 속도를 존중해 주는 팀이나 모임처럼 사람들이 공통으로 안정감을 느끼는 환경에는 몇 가지 특징이 있다. 자신이 편안하게 긴장을 풀 수 있을 것 같은 공간이나 모임을 떠오르는 대로 적어 보며 자기 분석을 해보고, 실제로 그 환경을 적극적으로 경험해 보자. '왠지 모르게 마음이 가벼워진다'고 느껴지는 곳이라면 놓치지 말고 기록해 두는 것이 좋다.

그렇게 마음이 가벼워지는 장소들의 공통점을 발견했다면 그곳이 바로 당신의 마음을 든든하게 지탱해 줄 공간이다.

## 설문조사

- 크로스 마케팅Cross Marketing의 키쿠모QiQUMO를 활용한 조사
- 〈비즈니스 심리학 관련 설문조사(사전 표본 조사)〉
- 〈비즈니스 심리학 관련 설문조사(본 조사)〉

## 참고 문헌


- 《악용 금지! 너무 효과가 좋아서 위험한 은밀한 심리학》悪用禁止!効きすぎて危ない!裏心理学大全, 사이토 이사무 감수, 다카라지마샤宝島社
- 《상대의 마음을 읽는 투시 심리학》相手の心を読む!透視心理学大全, 사이토 이사무 감수, 다카라지마샤宝島社
- 《악용 금지! 악마의 심리학》悪用禁止!悪魔の心理学, 사이토 이사무 감수, 다카라지마샤宝島社
- 《비밀 심리학: 타인의 마음을 내 뜻대로 움직인다》ひみつの心理学―人の心が思いのままになる, 사이토 이사무 감수, 다카라지마샤宝島社
- 《악용 금지! 악마의 심리 조종술》悪用禁止!悪魔の心理操作術, 사이토 이사무 감수, 다카라지마샤宝島社
- 《내면의 어둠이 보인다?! 악마의 심리 테스트》心の闇が見える!?悪魔の心理テスト, 사이토 이사무 감수, 다카라지마샤宝島社
- 《내 뜻대로 사람을 조종하는 심리학》思いのままに人をあやつる心理学大全, 사이토 이사무 감수, 다카라지마샤宝島社
- 《내 뜻대로 사람을 조종하는 말하기 기술》思いのままに人をあやつるモノの言い方大全, 사이토 이사무 감수, 다카라지마샤宝島社
- 《셜록 홈즈는 왜 겉모습만으로 사람을 꿰뚫어 볼 수 있을까?》シャーロック・ホームズはなぜ外見だけで人を見抜けるのか?, 사이토 이사무 저, 다카라지마샤宝島社
- 《사실은 무서운 심리학》本当は怖い心理学, 사이토 이사무 감수, 이스트 프레스イースト・プレス

**옮긴이 김양희**

도쿄대학대학원에서 석·박사학위를 받았으며 현재 출판번역에이전시 글로하나에서 일본어 번역가로 활동하고 있다. 역서로는 《사장의 수첩에는 무엇이 쓰여 있을까?》, 《일 잘하는 사람들이 보이지 않는 곳에서 반드시 하는 것》, 《효과 빠른 번아웃 처방전》《오십부터는 왜 논어와 손자병법을 함께 알아야 하는가》, 《끌어당김의 법칙》, 《파묘 대소동》, 《기적을 담는 카메라》 등이 있다.

# 일하는 감각

**1판 1쇄 인쇄** 2026년 3월 23일
**1판 1쇄 발행** 2026년 3월 31일

**지은이** 사이토 이사무
**발행인** 김태웅
**책임편집** 이슬기    **기획편집** 이미순
**디자인** 디디앤
**마케팅 총괄** 김철영    **마케팅** 서재욱, 오승수
**온라인 마케팅** 신아연    **인터넷 관리** 김상규
**제작** 현대순    **총무** 윤선미, 안서현
**관리** 김훈희, 이국희, 김승훈, 최국호

**발행처** ㈜동양북스
**등록** 제2014-000055호
**주소** 서울시 마포구 동교로22길 14(04030)
**구입 문의** (02)337-1737    **팩스** (02)334-6624
**내용 문의** (02)337-1763    **이메일** dymg98@naver.com

ISBN 979-11-7210-182-4 03190